理科が危ない

明日のために

江沢 洋

新曜社

はじめに

日本の理科が危ない。

最近、理科教育が危ない、学力が危ないという声が高くなった。このまま進めば、日本の科学も技術も危機に陥るだろう。理科が危ないのである。

日本の理科教育は、最近になって急に危なくなったのではない。いまは、二〇〇二年から中学校で、二〇〇三年から高等学校で施行される新・学習指導要領が「教科内容の三割削減」を掲げて、あまりにひどいので特に危惧の念が高まっているが、物理の履修率は二十年以上も前から低落傾向を続けているし、理科の授業内容は十年毎の指導要領の改訂のたびに骨抜きにされてきた。

この本は過去十年にわたって書き続けてきた日本の理科教育への批判を集めたものである。指導要領による教育統制は、これまで一つとしてよい結果を生まなかった。教育は教師の手に返さなければいけない。

教育は、学校の中で行なわれるものが大切ではあるが、それに限らない。学校の外で、一人一人が好きな本に熱中し、模型をつくり、あるいは蝶々を集めるといった活動も大切である。こういった学校外の活動のなかでこそ個性や創造性は育つだろう。学校の中で個性といっても限りがある。

学校が「個性」の名の下に科目の「選択」を自由にし基礎知識の要求を減らしたのは間違いである。「物理を習わずに工学部に入る」といった現象まで引き起こしたのは、明らかに行き過ぎである。「個性」重視の名の下に高等学校で低学年から理科と文科を分けるのも行き過ぎである。

学校は万人に共通な基本をしっかりおさえる。個性を伸ばすのは学校の外でよい。課外活動でもよい。しかし、共通な基本というのが難しい。教育は直接法ではうまくいかない場合が多いからである。Aを教えるのにBを教材に使う、ということをする。Bは将来使わないから習わなくてよい、というわけにはいかない。そのBを消化してAとして身につける、あるいはA′として身につけるのは個人の営みである。消化には長い時間がかかる。

教えたことが、すべて消化されるとは限らないということもある。いくらか余分に教えなければならない。さる文部省のスポークスマンが新しい指導要領の内容は一〇〇パーセント生徒に教え込むと揚言している。先生の意気込みは、そうあるべきだが、生徒からいえば、教わったことを全部、完全に身につけることなどできない。くりかえして言う。ひとはBを習ってAとして身につける。

勉強は、基本的には自分でするものだ。この基本が崩れて、「勉強するとは教わることだ」と子どもたちが思いこんでいる節がある。昔は受験勉強は一人でした。いまは塾に行く。先生に質問するのは一見よいようだが「少し考えてから訊ねるものだ」と言いたくなる場合が多い。

新聞によれば、学校の外での勉強時間が、日本の子どもたちは——塾で過ごす時間を勘定に入れてさえ——世界でも最低の部類に属するということだ。

中学生や高校生たちを責めるわけにはいかない。彼らを勉強に向かわせるような環境が日本の国に用意されているか？　たとえば、彼らの興味をひく本が十分に街に出ているか？　断然、否である。先頃も科学雑誌『サイアス』が倒れた。環境の整備を商業主義だけにまかせておいてよいのか？

こんなことを考えながら書いてきたものを、この本は集めたのである。ご参考になれば幸いである。

どの記事にも今回の収録に当たって手を入れた。長い間に書いたものを集めたので同じ話の出てくるところがある。できるだけ削ったが、話の流れを変えるわけにはいかないので、残った部分もある。そこは大目にみていただくよう読者にお願いしなければならない。

新曜社の渦岡さんにはお世話になった。ここに記して感謝する。

江沢　洋

二〇〇一年五月

理科が危ない——目次

I　科学は自由だ

II　理科が危ない

III　おもしろい理科の本と雑誌

装幀――加藤光太郎
装画――松本孝志

理科は嫌いですか

若者たちの理科ばなれが言われている。

今年（一九九七年）の年賀状に「高等学校で物理をとった生徒の割合」が過去三十年の間に九割強から二割弱まで下がったというグラフ（次ページ）を入れたら、たくさんの反響をいただいた。

物理を「とった」というのは、選択科目だからで、嫌なら学習しないでも卒業できる。それでも物理、化学、生物、地学から合計X単位をとらねばならないといういきまりはある。グラフの上部に書いてある数字がXの値で、かつては理科十二単位が必修であった。それが新設の基礎理科を含めて六単位となった一九八〇年に物理をとる生徒の割合が二割に落ちたのである。いま、Xは四単位に減っている。なお、X単位とは週にX回の授業で一年間という量、これを三年間に分けてとってよい。

理科ばなれの現実

東京大学のある先生は、物理を学ぶ生徒の「数」も問題だが「質」の方がもっと深刻だと書いてきた。これまで新入生に物理をわかってもらおうと工夫を重ねてきたが、とても追いつかなくなった、というのである。他の大学の先生方からも同様の声を聞く。物理や工学をめざす学生が、高校で物理をとらずにくるという現象もおこっており、仕方なく補習クラスを設けている大学もある。消費者は神様だという言葉があるが、学生もその仲間に入るかのようだ。

物理を学んできたとしても問題がある。高校で物理は暗記物にされてしまったようなのだ。昔、物理は数行の原理から宇宙万象を導きだす、考える科目だった。

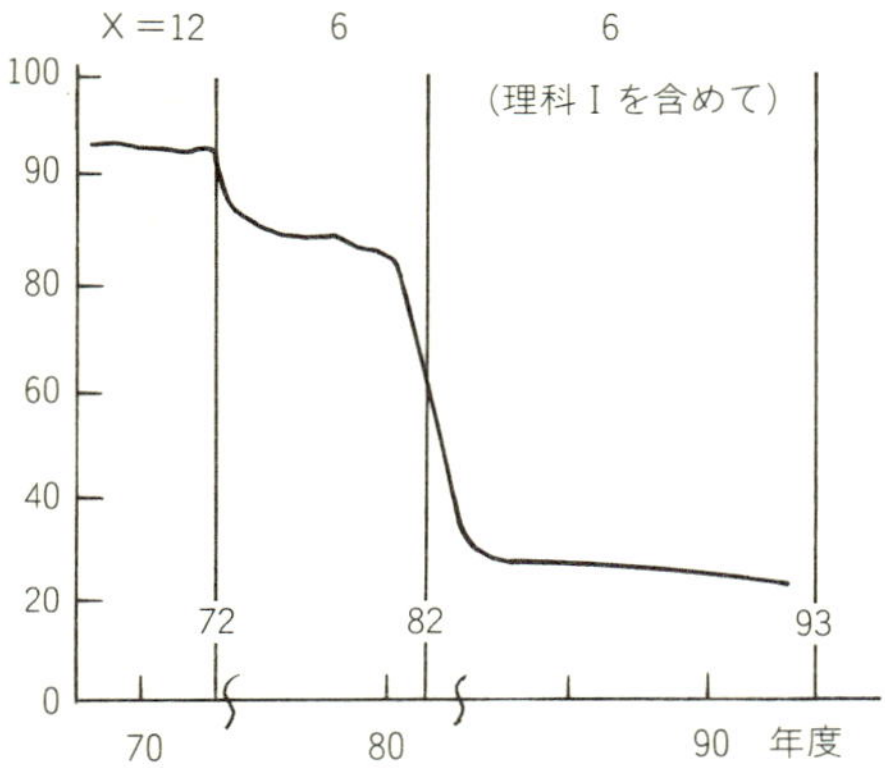

全国の高校における物理の履修率(%)
(唐木宏氏〔攻玉社高〕による)

暗記物になったのは公式を暗記しておけば入試をパスできるからだ、という声が聞こえる。暗記すればなんて、大間違いだ。公式は使い込むものである。曲げたり延ばしたりしたことのない公式は役にたたない。英語の単語と同じである。それに、ぼくらの大学の物理の入試問題には「答案には結果だけでなく考えの筋道も」というお願いが添えてある。物理科でも鋭い論理と表現力が必要だからである。

先だって「物理の本はどう読むのか」と学生に訊ねられた。「論理は自分で再構成してみる、数式は計算して確かめる。どちらも行間を納得のゆくまで自分で埋めながら進むのだ」といったら驚いていた。まじめな学生だったから、さすがに面倒くさいとは言わなかったが、言いかねない学生もいる。「納得」の意味も大学で説明しなければならなくなっている。中学生は正義派だ。何ごとも筋を通したがる。その中学時代に幾何などで「証明」をきっちりなしとげた経験がないからだろう。予備校で教えている友人が、こんなことを話してくれた。「この問題は、こうすれば解けるが、こういう解き方もある」と言いかけたら、生徒が手をあげて「簡単な方、一つだけにしてください」。これが理解か。

問題は「理科ばなれ」を越えて時代の教育に深く突きささっている。

物理は何のために学ぶのか

多くの生徒は物理なんか高校を卒業したら使わないんだ、無理に勉強させることはない、という声が聞こえる。そうだろうか。

いまや物理の応用は身辺に満ち溢れているが、理屈なしで使えるように技術者が配慮している。故障したら直すより買いかえる。電気器具でも自動車でも開かずの箱だ。自分で開いて中を診るようにはつくられていない。使い捨てのゴミの山。こんな生活が、いつまで続けられるか。そこまで目が届く人物が必要である。開かずの箱でも、それをつくる人は必要だ。設計する人、新しい物を構想する人もいなければならない。いや、この日本にいる必要はないという声がする。日本人は商売とサーヴィスの第三次産業にこそ向いているのだ、と日銀のお偉方から聞かされたこともある。この方向に進むのだったら物理を使う機会はなくなるだろう。でも、それで本当によいか。

仮に満足だとしても、身辺に物理がある以上、新聞の紙面にも物理が大きな活字で現われるということがおこる。では、それを読めばことがらがつかめるか。いや、そこまで突っ込んで書いてはいない。日本の新聞はどれも文字どおりのマス・メディアに属し解説に限界がある。ずっと前から読者の理科ばなれが前提されている。それはそれで存在意義があるのだが、しかし、もっと知りたい人の新聞はなくてよいか。

原子燃料再処理施設の事故に出会って、日本社会の各方面の反応はどうか。マスコミ・レヴェルの対応はおよそ見えた。次に科学ジャーナリズムや科学専門の雑誌がどう扱うか注意していたい。今度も詳しい解析は外国産の週刊誌からということになるのだろうか。いや、理科に限らない。日本の政党の内部のことだって外国誌の方が詳しいことがある。いつからか、それを翻訳する商売が成り立っている。

大学入試の、いわゆるセンター試験で、今年、浪人向けの数学の問題が難しすぎたといって大騒ぎになった。ところが、肝心の問題がどんなものだったか、新聞はついに報道しなかった。どんなに難しかったのか、わからずじまいである。問題は試験の翌日の新聞にでたと思い込んでいる人もいるが、浪人向けの数学の問題は省略されていた。確かに得点の差があったのだから、問題まで見なくても、という向きもあろう。しかし、数学に新旧の差があるのか、どんな差か？　お上が旧課程を廃して新課程を下知した。そこで旧課程で学習した浪人たちに比べて新課程の生徒たちが如何にやさしい問題しか解けないとみなされていたか（それを如何によく解いてしまったか）、ことの重大さはこの方にあるとも考えられる。

ことほど左様に社会の考え方は詰めが甘い。問題は、たくさんある。

さて、高校で物理を学ぶ目的は何か。多くの生徒にとって、物理は、そのまま役に立つことは少ないと思う。でも、牛肉をたべるのは牛になるためではない。

物理は、ものの考え方を身につけるのに恰好の材料なのである。新しい概念が分析と習熟を要求する。それができたら、問題が明確に立てられる。それを解くための出発点がはっきりしており、客観性をもつ。地につき物についた討論で共通理解ができる。結果が実験できて目にみえる。現実に自分の手で操作して納得することができる。自然は間違いを容赦しないが、たいへん教育的にできている。意外性に富む。また、物理学には長い歴史があり、多くの大思想家に、それも同じ足場に立って触れ、疑問を呈し、批判することができる。考え方のコペルニクス的転回が必要であったというケースを追体験できる。広大な未知に向けて開いている。……

考え方の教材は物理にかぎらない。もちろんだ。カルシウムも必要ならタンパクも必要、ヴィタミンも摂らなければならない。たとえば、小学校で漢字の書き方を習う。近頃は、やかましいことはいわない学校も多いようで大学生の字も乱れている。それが数式の書き方にも現われている。そんな字では長い計算はできない、いずれ困るよ、と教室で言う。細かいところまで気を配ってすることの大切さは小さいとき身につけるにかぎる。そのとき、漢字はよい教材だ。そう、工作などもよいだろう。人の手や指も役立つ道具にするには訓練が必要なのだ。教育は体系である。教える先生は専門家でも、生徒のなかでは総合がおこる。安易な選択は欠陥を招く。

学校では、社会にでてから役に立つことを教えるべきだと言われる。では「役に立つ」とは何か。直接に役立つことに限るのはよくない。同じことだが、社会の価値基準を学校にそのまま持ち込む風潮には疑問がある。物理でも漢字でも、それを教材にして訓練を有効にするには、学校の中で適いる。社会の価値基準は変わる。物理は使わないんだ、などと言う必要がないほど世界は物理に満ちている。社会の価値基準は変わる。

どうする?

理科にお客様を増やすために、楽しいショウを仕組んでいる人たちもいる。それに乗ってくる子どももいるのだろうが、満足できない生徒もいるに違いない。

物理の入試問題を易しくすれば、たくさん寄ってくるという手紙もあった。皆ができてしまったらクジ引きにすればよいという。いや、いや、若者の将来をクジできめたくない。

理科を社会に根付かせるには、板子一枚の日本の文化を重層化してゆくほかないと思う。たとえば新聞社や出版社は売り上げを競う一方、その利益の一部で採算無視の論議徹底誌をだす。学校は、お上がなんといおうと教育の内容に責任をもつ。そのもち方は、いろいろの形をとるだろう。経済と競争の優先が当然のことのように言われるようになっているが、本当に当然なのか。それは普遍の目的か。

いま、高校生たちは理科が何であるか知った上で離れていっているのではない。知る暇もなく、理科嫌いが大勢の社会の中で尚早な選択を強いられ、安易についている。彼らに展望を与えるのに、学校だけで足りるのか。科学雑誌、科学読物、科学博物館などの方面でも重層化をはからねばならない。一通り必修にして選択を急がせない学校もあるが、授業時間の配分が苦しいという。昔はできたことなのに!

学校は、外界の価値基準を押しつけられ、本来なら家庭に属する仕事まで担わされて、あれもこれも教え、土曜日は休みにし、という要求を受けて理科に時間が割けなくなっている。時間をかけずにわかる理科はないのだから、これは教育の責任放棄になりかねない。これとこれは割愛する、しかし、これだけは譲れないから土曜日も休みにできない、という学校はいけない学校か。許されるべきでないか。

あなたは、理科が嫌いですか？　たとえば、日本中の各家庭が一〇パーセントずつ電力を節約したら、あるいは昼間の電灯を消したら原子炉が何基減らせるか計算できますか？　いや、物理の問題でなくとも結構。理科の「理」は理由、理解の理です。何を考えるにも役立つはずです。物理を学ぶのは、考え方を自由にするためなのです。

アジアの他の国々の若者たちは、はりきって勉強しています。アメリカでも大統領が教育改善を最優先課題としました。教育の効果は忘れたころ現われるのです。

I

科学は自由だ

入学試験を緩和するなら環境整備を

四月十九日（一九九一年）に中央教育審議会（以下、中教審）が井上文部大臣に答申を提出した。題して「新しい時代に対応する教育の諸制度の改革について」。

これは、新聞の答申要旨によれば、「現在の教育のもつ歪みを正し、子供の心の抑圧を軽減して人間性の回復を図ることが肝要」との考えに立ち、「受験競争の緩和を図ることが不可欠と考えて、入学者選抜方法の改善についても」検討した。

「……についても」となっているのは、「画一的・硬直的傾向のつよかった高校教育につき、学習の選択の幅を拡大する（情報、厚生、観光学科の新設）などの施策も」検討したからである。

この答申は、最近の若者の理科ばなれには触れていない。「産業国家としての計画や目標に合わせて教育を考えるよりは、現在の教育のもつ歪みを正し……」と構えた結果であろうか？　理科ばなれは、高校生の「物理」選択の敬遠に顕著であるが、また大学生の理科的論理思考の脆弱化としても現われている。

画一的とおっしゃいますが

答申は「現在の教育のもつ歪み」といい、「画一的・硬直的傾向のつよかった高校教育」といって、あたかも火事場に駆けつけた火消しのような気分で書かれている。

火事を起こしてしまったのは、ほかならぬ中教審ではなかったか？　日本の教育が文部省の強い統制下におかれ、その文部省の背後で方向づけをしてきたのが、少なくとも表面上は、中教審であったこと、これを否定する人はいないだろう。

いや、中教審とはいっても、今度の答申を出したのは第十四期のものだ。そのメンバーは以前の中教審のものとは違う。やはり火消しだ。

それは、その通りである。しかし、これまでに歴代の中教審は教育にいろいろの施策を提言し、その効果を見る機会を与えられてきた。これは、教育というものが、どうすれば、どうなるものか、多くの貴重な実験を繰り返してきたということである。実験の結果をよく整理すれば、そのなかに将来を占う際の資となるものが見つかるのではないか。ぼくが言いたいのは、このことである。

教育論には、多くの場合、歴史の視点が欠けている。今度の答申も例外ではない。

答申が挙げた高校の問題点のなかに、たとえば「画一的な教育」がある。高校教育が本当に画一的かどうか、ぼくの知っている例から見れば疑問だが、そうした傾向を持つ高校が多いとすれば、その傾向は「全国共通テスト」や「学習指導要領」「教科書の検定・採択の方法」がもたらしたものではないか。

矛盾は悪ですか

答申は、教育における「平等と効率」に矛盾する側面もあることを見逃してはいない。しかし、矛盾の扱いに当惑しているようだ。

今度の答申も、大筋では平等の方をとりたい気配であるが、それで割り切っているわけではない。新聞に載った答申要旨で見るかぎりでは、「高校間の『格差』、大学間の『序列』は日本の教育の最大の病理である」とする一方で、これらを、「日本の教育のバランスを支える安全弁でもあり、産業社会の成功因でもある」として評価している。

ぼくの考えでは、「平等と効率」の矛盾は中央政府が割り切るべき筋のものではない。矛盾をはらむ二者が一つの社会に共存してはいけないという理由はなさそうである。平等をインセンティヴにする学校には、それはそれでよいところがあるだろう。効率を重んじる学校にも大きな存在意義があろう。

今度の答申は、「格差や序列」を産業社会の成功因として評価している。かつては教育の「画一性」が一定水準の労働力を供給したとして評価されたこともある。

どちらも手ばなしの評価はできないと、ぼくは思う。戦後の歴史は、戦前に、あるいは戦中に教育された世代がリードしてきた。そのリードがあってこそ、いわゆる「一定水準の労働力」が力を発揮できたのではないだろうか？　これが本当なら「平等」を建前とし、「格差と序列」を排した戦後教育の問題は、世代の交替とともに徐々に顕在化するだろう。ここでも歴史の視点が必要になっている。

「格差や序列」が日本特有の現象であるかのようにいうのも間違っている。日本に特有なのは、一つの意味の格差――たとえば学校の進学率による格差――が、その意味と無関係に普遍化されて一人歩きすることであろう。いわゆる「偏差値」による序列にいたっては、大学の内容の何をくらべたときの序列なのか、まったく不明になっている。序列を病理というなら、この点をこそ指摘すべきであった。

入学試験をやめるなら

中教審の答申を読んでもっとも大きな問題だと思ったのは、入学試験やそのための準備を悪者にしているように見えることである。うっかり読むと勉強することが人間性を損なうと言われているかのように錯覚しかねない。

勉強が苦しいのは、動機づけに乏しいときである。それも、ある程度まで苦しんだ後は一つの世界が見えてきて、それが勉強に誘うようになるものだ。

いまの日本では、入試の存在が勉強の最初の動機づけをしているケースが多いように思う。受験のために、たとえば物理を少し立ち入って勉強しておもしろさに気づくという類である。事実、どの大学に行っても予備校の講義で物理に開眼したという学生がいる。

しかし、おもしろさに気づいた高校生が受験参考書から目を外に向けると、そこは荒涼としている。もちろん、科学技術の成果は社会の隅々まであふれているが、その多くは開かずの箱である。いわゆるブラックボックス。なぜだろう、という問いを頭から拒否している。どのような仕掛けで、と中をのぞく好奇心をはねつけている。

もっと知りたいと思った高校生が本屋に行っても、彼を深みにつれてゆく本はない。なるほど、科学は解説されている。欠けているのは批判である。解説して疑問に突き当たらない解説者は、真の共感を呼ばないだろう。文芸評論も衰えたが、科学評論は息絶えた。

テレヴィは朝から夜中までにぎやかに、子どもたちから思考の、想像力の、時間を奪っている。ひところ小学生、中学生を集めていた模型屋さんも、いつの間にか街から消えた。

これが子どもたちを取りまく環境である。そのなかで彼らが勉強を続けているのは、あるいは、荒涼たる世間から再び三たび勉強に戻るのは、いま入学試験があるからだろう。

そうだとしたら、入学試験を緩める方向の提言は、同時に、子どもたちの環境を変えるための提言をともなっていなければならない。

入学試験を緩和するなら、同時にナンセンスなテレヴィ番組もやめなければならない。中学生や高校生に科学の興奮を伝える雑誌をつくり、進んで学びたい生徒のために参考書の階段を用意し、実験室を提供し、彼らの理解を真に批判的な科学評論にさらさねばならない。

勉強は苦しいもので人間性を損なうという見方は正しくない。要は動機づけである。自発的な勉強は人の想像力を自由にする。そして創造に導くだろう。創造の泉の水は自ら湧き出して甘い。人を豊かにしてやまない。

学ぶものの権利章典

アメリカには、物理学会の弟分として「物理教師協会」といった組織があり、主な会員は、研究よりはむしろ教育に重きをおくという型の大学（カレッジ）の物理教師たちである。おそらく高等学校の教師たちも入っているだろう。

この会が会員のために出している『アメリカン・ジャーナル・オヴ・フィジックス』という雑誌がなかなかおもしろい。兄貴分の物理学会の雑誌のようにオリジナルな研究論文ばかりが載るわけではないが、しかし講義の準備をしていて思いついたらしい新しい視点の報告や時の話題の自己流の見方、歴史の再解釈など、読ませる論文が多い。

「新しい」結果ではないが、「自分が考えたことを自分の筆で書いた」といえる考察が公表できる『アメリカン・ジャーナル・オヴ・フィジックス』のような雑誌の存在は、物理の熟成のために意義が大きい。日本のいわゆる物理学者たちがそれを認めないのは狭量というほかない。

教室に掲示しようか

しかし、いま書きたいのは、そのことではない。かつて、この雑誌の片隅に記されていた「学ぶものの権利章典」のことである。

「権利章典」はBill of Rightsの訳。本来は、イギリスの「臣民の権利および自由を宣言し、王位継承を定める法律」のことである。一六八九年に制定され、宗教裁判所の設置や議会の同意なしの課税、平時における常備軍の維持などを違法として退けている。

アメリカ合衆国憲法にも、権利章典にあたる部分がある。一七九一年に成立した第一から第八までの修正がそれだ。第一修正は信教、言論、出版および集会の自由を保障し、第二は人民の武装する権利を定める。第四は不合理な捜索と逮捕の禁止、第六は被疑者、被告人の権利の保障、……。

これらをもじって「学ぶものの権利章典」はつくられたのであろう。いわく――

一　私は、自分のペースで勉強する権利を有する。他の誰かより進みが遅いからといって惨めに感じたりバカだと卑下したりしない権利がある。
二　私は、訊ねたいことは何でも質問する権利を有する。
三　私は、きまり以上に助けてもらう権利を有する。
四　私は、教師やティーチング・アシスタントに助けを求める権利を有する。
五　私は、理解しない権利を有する。
六　私は、特定のことができる、できないにかかわらず、いい気分でいる権利を有する。
七　私は、自分の価値を、ある一つのことがよくできるというところにおく権利を有する。
八　私は、自分を何でも学ぶことのできる人間だとみなす権利を有する。

九　私は、教師にも教科書にも点をつける権利を有する。
十　私は、リラックスする権利を有する。
十一　私は、能力ある大人として扱われる権利を有する。
十二　私は、科目に好き嫌いをいう権利を有する。
十三　私は、事の成功・不成功を自分の基準で定める権利を有する。

よくできている、と一時は思った。大きく書いて教室に張っておこうか、と考えた。

なぜ、権利か

第二条に質問する権利、とある。結構なことだ。学生が質問をしてくるのは、むしろ、望むところである。

質問に答えても、なお第五条のように「その答えは理解できない」といって追求してきたら、いくらでも胸を貸そう。その学生が「ちゃんと説明してくれたら私には理解できるはずなのだ」といって第八条のように頑張ってくれれば、質問は発展して論理のキャッチボールの楽しみに変わるだろう。

そのように主体的に学問する学生が、第九条のように、教師の教え方を批判し、教科書を批判的に検討するのは自然のなりゆきだ。そういう学生には、講義の筋を再構成し教科書も書き直して自家用ノートにしてほしい。

いや、待てよ。批判に対して教師が対抗しないなら権利を振りかざす必要はないわけだ。そう思って読むと、「権利」という言葉が異なった弱々しい色合いで見えてくる。

元気を出して下さい

学生は、理解できないことにぶつかると、つい「自分が悪い」と思ってしまうらしい。だから「質問をするのは恥ずかしい」と思い「もう少し考えてから……」と思ってしまう。そして、実際には無為のうちに時は流れる。

そのような学生に「君には質問する権利があるのだよ。遠慮することはないんだよ」と教えるのが第二条の意図であろうか。

質問をして答えをもらうと、その答えが理解できない場合でも、大方の学生は「わかりました」と言う。「わからなくては申し訳ない」と思うのか「わからないのは恥ずかしい」と思うのか。そういう学生に「説明を一度きいたくらいでは、わからないのが、むしろ当り前なんだ」と言って、理解しない権利があることを教えるのが第五条であろうか。

こうして、「権利章典」が、学生たちをなんとかして元気づけようとする教師たちの姿とダブッテ見えてくる。第六条の「特定のことができる、できないにかかわらず、いい気分でいることができる」などは、試験の後にでも聞かせるのであろうか。

熟慮遠謀

さらにいえば、この「権利章典」の全体を刹那的気分が覆っている。現在は将来の発展のためにもあるといった考えが基盤にあれば、第十二条のように科目の好き・嫌いを言ってはいられないのではないだろうか？

質問にしても、いまわからないことがあるから、いま訊ねておこう、という考えは刹那的である。いま、ここがわからないけれど、もっと考えてわかってやろうと思う姿勢とは根本的に違っている。アメリカで講義をしたとき、講義の終わりに学生たちが教壇にドッと押し寄せてきて、いま終わった講義のあれこれの論点について質問するのに感心した。これは、日本の教室では起こらないことである。

講義の終わりに質問にきて焦点の鋭い質問をするためには、第一に講義の筋道を正確に追っている必要があり、第二に、いまわからないことは、いま訊ねておくという姿勢が定まっていなければならない。日本の学生は、第一の条件を満たしているとしても、第二の条件は満たさないだろう。「もう少し考えてから」という姿勢をとるように躾られている。もっとも、質問にくる学生に二種類あって、上に触れた「わからないから訊ねる」型のほかに「教師と意見が違うから対決しておきたい」型がある。後者は、日本の教室でも活動している、といってよいだろう。

学ぶ者の姿勢としては、これら日本的なもののほうが優れていると、ぼくは思う。ただし、「いまわからないことは、いま訊ねておく」にしても、本当に納得するには、そのあと頭の中で理解をあちらに転がし、こちらに転がして熟成させることに変わりはないとすれば、「もう少し考えてから」と本質的な違いはない、ともいえる。

このような熟成過程のためにこそ、第一条はあると考えたい。

教師には、学生の質問を熟成過程の引き金にするため、直接には答えないという考慮もある。すると第九条で低い点をつけられそうだ。

個性の現実と異能

勉強することは教わることだ。近年の大学生たちは、そう思いこんでいるようで、扱いにくい。さすがに、四年生になって卒業研究を始める頃になるとエンジンがかかるのだが、時すでに遅い。学生だけを非難することはできない。勉強とはそういうものだと思わせる社会環境がある。ぼく自身、ワープロがうまく動かないとき、つい人に訊ねたくなる。そうでなくてもマニュアル様にお教えを乞う。世の中、かなりの部分が理屈ぬきのマニュアルで動いている。そしてテレヴィが受け身に拍車をかける。電気器具も、故障したら蓋をあけて直すという配慮をして作られてはいない。科学の感性を養う雑誌もない。

教育を論ずる人たちが、学校の中だけを見て、それを取り巻く環境を見ないのはおかしい。

自分で解決できる

以前は、学生の質問には答えない、と言っていることができた。いや、質問を断わったわけではない。「君の質問、よくわからない。もっと詳しく説明してくれないか」から始めて、根掘り葉掘り訊ねていくうちに、学生が「わかった」と言う。「なんだ、自分で解決できるじゃないか」とぼく。学生に胸をかして問いと答えの相撲をとる。いや、学生は、わからないことに一緒に立ち向かう戦友のように応じてくれた、という方が近いかもしれない。

近頃は、質問に即答しないと、この先生、駄目じゃないか、という目で見られかねない。学生が先生を評価することが奨励される時代には、戦友の関係は成り立たないと思う。だからといって答えたら教育になるわけではない。どの教科も、一筋縄ではいかないのだから。学問は網の目のようにあちこちがつながっている。そのなかで「筋道を立てて教える」ことは一本の筋をたどることでしかない。

予備校で教えている友人に聞くと、高校生も同じだという。かつて、受験勉強は独りでするものだった。いまは、予備校に通いつめる。そして、授業のあと質問のために列をなすとか。質問は一見よいことのようだが、そのほとんどは「少しは考えてからくるものだ」と言いたくなる体のものだという。

こういう話も聞いた。数学の教師が「その問題は、こう考えても解けるよ」「どうだ、面白いだろう」というつもりで説明を始めたら、「先生、解答は一つだけにして下さい」と生徒たちが言った、と。

異能の才

文部省が「異能の才」という言葉を売り出した。異才はともかく、「異能」は聞かないと思ったら、平安時代の末期につくられた辞書『色葉字類抄』に出てくるのだそうだ。最近「希有な異能の才の保持者で、すべての分野でおしなべて高い能力を有する秀才や受験技術に長けた受験エリートでなく……」という高校生を特に高く評価し、教育上の例外措置を認めてはどうか、という文書が文部省からでている。そのような高校生には大学の講義を聴かせ、単位もあたえようというのである。

これも「勉強することは教わることだ」路線の上にある。だから、ぼくは賛成できない。高校生には何ごとによらず初心者ならではの疑問があるはずだ。それをゆっくりと考え続けてほしい。疑問をふくらませて大学にきてほしい。

そもそも高校生が大学に出向くことの許認可まで国がしようとするのも驚きだが、「秀才や受験エリートでなく」とはなんと無神経な言い方か！　一所懸命に勉強している生徒たちは、どう思うだろう？

ぼくは受験技術といわれているものの存在を信じない。この言葉は入学試験をおとしめようとする一派が考え出した扇動的標語である。受験生の皆さんには、そんなデマに惑わされず、自分に納得がゆくまでコツコツと勉強して欲しい。それが成功への唯一の近道なのだから。

公式をおぼえることも必要である。頭に入っていない公式が実地に使えるか？　歴史の年代をおぼえることも必要である。事の前後がわからなくて歴史のストーリーが頭に浮かぶか？　公式にせよ歴史の年代にせよ、初めは空疎な暗記と思われるかもしれない。しかし、それらは、頭の中で転がし転がししているうちに、実体となる。要は暗記の段階を突きぬけて一段上の高みに上ることである。

科学の網を編む

学校での学習に不満な高校生は、かなりいると思う。それで当然だ。まして、物理でも理屈や思想がないがしろにされ、マニュアル化している今日だから、それに不満な生徒は、自分で本を読み実験をして、余裕を生かし、ゆっくりと進むのが一番だ。

先生なしでは、わからないことに出会ったとき困る。いや、困って考えるのがよい。仲間と議論する、また考える。それが将来への貴重な肥料になるのである。そこを他人に教わって通りすぎるのではいけない。とりわけ学びはじめには納得ゆくまで考えることが必要だ。せっかく手にした疑問だ。他人に訊ねて解決してもらってはもったいない。独りで勉強するのでは誤解する恐れがある。そうかもしれない。でも、大丈夫。科学は原因と結果が網の目のように繋がった体系だから、いつか同じ場所に戻ってくることがある。誤解のままでは筋が通らない。そのとき誤解は正される。

わからなかったり誤解したり、その試練を経るたびに科学の網の目が編まれてゆく。網が広がる、強くなる、これは学習の不可欠な一部なのだ。

大学の講義を聴いてみても、教わるのは点と線である。A点からB点へ、B点からC点へと網に一本の線を加えることしかない。学びて思わざれば、すなわちくらし。

この「くらし」の字は当用漢字にないが、奇しくも網という字の旁《つくり》になっている。それで「学びて思わざれば網が編まれない」の意味になるのだったら、古人の智恵も見上げたものだったのに！

わからないことは金の卵である。若いときの疑問が後に花ひらいた、という例は科学の歴史にたくさんある。卵がかえるまで時間をかけて温める権利をもつ高校生が、大学へのエスカレーターで先を急がされねばならぬ理由はない。

個性

教育界では「個性」も安手になった。いまの高校物理ができるくらいで個性といえるだろうか？ 来年（一九九四年）から実施される「学習指導要領」では、嫌いなものは勉強しなくてもよいという個性重視が徹底する。

高校で物理を学ぶ生徒は、今でも少ないのである。その結果、東京大学でさえ、理学部や工学部に進学するコースに「物理未修」のクラスができるという信じ難いことが、すでにおこっている。

物理を選択する生徒の数は、来年から一層減るだろうと物理の先生たちが危惧している。これが異能児・特別待遇の裏側の現象である。

二〇〇一年に追記 物理をとる生徒の数が減るという危惧は現実となって現われた。一一六ページの図や一一七ページの表をみよ。

WHYと問う力

「How to でなく Why を、とのことですが、How to を知らなくて Why が問えるでしょうか?」これは、最近、仲間からきた手紙に対して書いた返事である。「How to で止まるのは困るでしょうが、人間たるもの、力が及ぶなら、そこで止まることができるとは思えません」。したがって「同封して下さった〝暗記偏重が好奇心奪う〟という新聞記事は、また教育知らずの紋切り型、という思いで受け取ったのです」。

教育について多くの人の言うことが、ぼくにはオウムの繰り返しに聞こえる。画一的な教育が個性を押しつぶす。創造性を育てよう。暗記はいけない。

どれも、もっともらしい。でも、天の邪鬼は思う。なんと、ひ弱な! 個性とは、押しつぶされそうになっても撥ねかえすくらい強いものではなかったか? 創造とは、すなわち反抗ではなかろうか? わかりきった公式さえ頭に浮かばなくて考えごとができるものだろうか?

教育の目標は何か

暗記偏重が好奇心をなくしているのだろうか? ぼくには、その逆に見える。好奇心がないから、なんでも暗記になってしまうのだ。好奇心がないのは力がないせいだ。暗記だって、一概に悪いとはいえない。物理の学生たちが計算に不器用なのは、型を意識して練習することをしてこなかったせいではないか。

はじめに触れた仲間の手紙はいう。

高校では、原子にはどんな種類と属性があるかを学び、さらには、そのエネルギー状態を定量的に扱う理論を学びます。これらの知識や学問は、いわばHow toの次元のものです。

通常の社会生活をおくる人々にとって、酸素の原子量や原子の電子軌道の知識をすっかり忘れ去ったとしても、たいして不便はありません。

これも、よく聞く声である。ぼくは賛成できない。酸素の原子や電子の軌道は、考え方を教えるための教材なのである。他のものでもよいが、ある種の考え方を教えるには、これが教師には使いやすい。

それらは単なる材料で、自身が目的ではないから、卒業したあと忘れてしまってもかまわないが、学んでいる間は——考える練習だから——本気で取り組んでもらわなければならない。そのために、教師はこの教材に懸命に価値づけをするだろう。

そればかりではなく、生徒を本気にさせるために学校はいろいろな仕掛けを考案した。試験もその一つである。本気で取り組むには、学校の中でしか価値のない類の暗記も、意地のわるい問題も必要になることがあろう。

時間が少なすぎる

いや、そういうぼく自身は暗記が得意なわけではない。中学で二次方程式の解の公式が空で書けるようになるまでに何回その導出を繰り返したことか。

暗記といっても、問題に慣れたあとは（没入した状態でならなおさら）自然な形で頭に染み込むこと、誰しも経験があると思う（それはスポーツのルールだったかもしれない）。何にせよ「ものを考える」というからには、その段階まで行かなければならないのだから、それを経験しておくことは大切だ。

問題に慣れるには時間が必要である。物理教育にしても、時間の少ないことが今の最大の障害だと思う。昔の中学には毎学年、物象（物理的科学）も生物も何時間かずつあったのに、今それだけの時間がとれないのは何故だろう？　そして、ある学年では生物を、ある学年では物理をなどといって、この総合の時代に科学を切り売りする理由は何か？

問題を提起する力

いろいろな仕掛けで鍛えられた生徒たちこそ、自ら Why も含めて問題提起ができるようになるのだ。

よく「科学は疑問から始まる」というが、白紙の状態では疑問のもちようがあるまい。もし、もったとしても、問いかけには力がないだろう。

物心ついて以来テレヴィを見てきた子どもには箱のガラス面に絵が出て動くことは疑問でないかもしれない。絵が出なくなったときこそWhyだろう。そのWhyも、修理を自分でしたラジオの時代に比べて弱くなっている。必ずしも物理の先生が期待するようなものでないかもしれない。「部品が悪くなったから」で充分な答えになるようなWhyもある。

科学の教室が〝ものの考え方〟を訓練する場であるなら、時代に負けず「こうなるはずなのに何故ならないのか」と問う力をこそめざしたい。

学校の中の価値

これは教育の仕掛けを種明かしするようで、あまり生徒たちには聞いて欲しくないのだが、ぼくは、学校の中でだけ通用する価値付けというものを否定することができない。

たとえば、小学校で漢字の書き順とか、点がつく、撥ねるをやかましくいうのはナンセンスだ、社会に出れば気にしないのだから、という意見がある。ぼくはナンセンスとは思わない。漢字も——原子と同じ——教材だと見ることができるからである。たとえば、ものごとは細かいところまで気を配ってするものだ、ということを教えるための教材と見る。

点や撥ねへの価値付けは、社会では一般には通用しないかも知れない。だからといって、学校の外からナンセンスと騒ぎ立てられては、教育ができなくなる。いまの日本の状況はこれに近い。辛うじて防波堤になっているのが入学試験であるが、増幅が効きすぎて発振がおこっているきらいがある。でも、これを性急にやめると、湯水と一緒に赤ん坊も流すことになりかねない。

学校の限界

細かいところまで気を配る習慣を子どものときに身につけておくことは大切である。将来、実験をするにも、政治をするにも、商売をするにも！　しかし、「細かいところまで……」などと言葉でいってもしかたがない。それに適切な教材で、卒業後も直接に役に立つものがあるだろうか？学校がなんでも有効に扱えるわけではないから難しい。

飛躍していえば、戦後の教育改革は、学校の能力の限界を十分に考慮せず、なんでも――お昼の弁当から社会見学、ついには進学指導まで――学校に取り込んだ。結果として家庭から奪ったことになる。

頭脳明晰につき休講

思い出したことの一つ。大学に入って最初の物理の講義のあと、教壇までいって、質問した。

「先生、宇宙定数って何ですか?」

若い助教授は顔を曇らせたように見えた。変なことを訊ねる学生だと思われたらしい。でも、こちらは大学に入ったら訊ねようと、その日を心待ちにしていたのだ。大真面目だった。

『一般力学』(坂井卓三著、東西出版社、一九四八年)という本の一節を解しかねていたのである。そこには、太陽と惑星の間にはたらく引力の大きさがKという定数できまることが説明されていて、

この定数は、このほかの一般の物体の質量から起こる引力に対しても不変ないわゆる宇宙定数である

と書いてあった。

先生は「そんな言葉は聞いたことがない」という意味の答えをされた。「何のことだろうね?」

今にして思えば、著者の大学教授の筆が滑って、日頃、英語でユニヴァーサル・コンスタント

（普遍定数）と言っていた言葉を漢字に直すとき宇宙定数にしてしまったものだろう。いや、不変という言葉の使い方も変だから、筆の滑りでもないか？　ワープロなどない時代の本だから、「不変」が「普遍」のワープロ・ミスということもない。

でも、ぼくはこの本から実に多くのことを学んだ。計算の途中で「この方針でもよいのだが、ここまで考えたら方針の変更も思い浮かぶ」とした一節も忘れ難い。普通なら原稿用紙を破るところだろうに。

あのときの助教授の訃報を聞き、思い出がつきない。

大学の授業

近頃、新聞もテレヴィも「大学の先生は、学生の興味を引くように授業をおもしろくする工夫をし、よく嚙み砕いた話をせよ」と合唱している。

ある教育研究家は「大学授業、私語の根断て」という大見出しのもと、学生が「問いかけを求めている」といい「考えさせるように語りかけて欲しい」という彼らの声に応えよと主張していた。

確かに、もっともらしい。しかし、「考えさせるように語りかけて欲しい」を二度、三度と読むと、心が曇りのち嵐となる教師は少なくないだろう。なんだ、この学生は！　それより、学生をこんなふうに見ている教育研究家とは、いったい何なのか？

大学にきたモスクワ大学のブラギンスキー先生が漫画を描いた（次ページ図）。教授の右に口を半開きにしたアヒルがいる。左には教授のマッチで燃え上がった炎。これは悪い学生、これが良い学

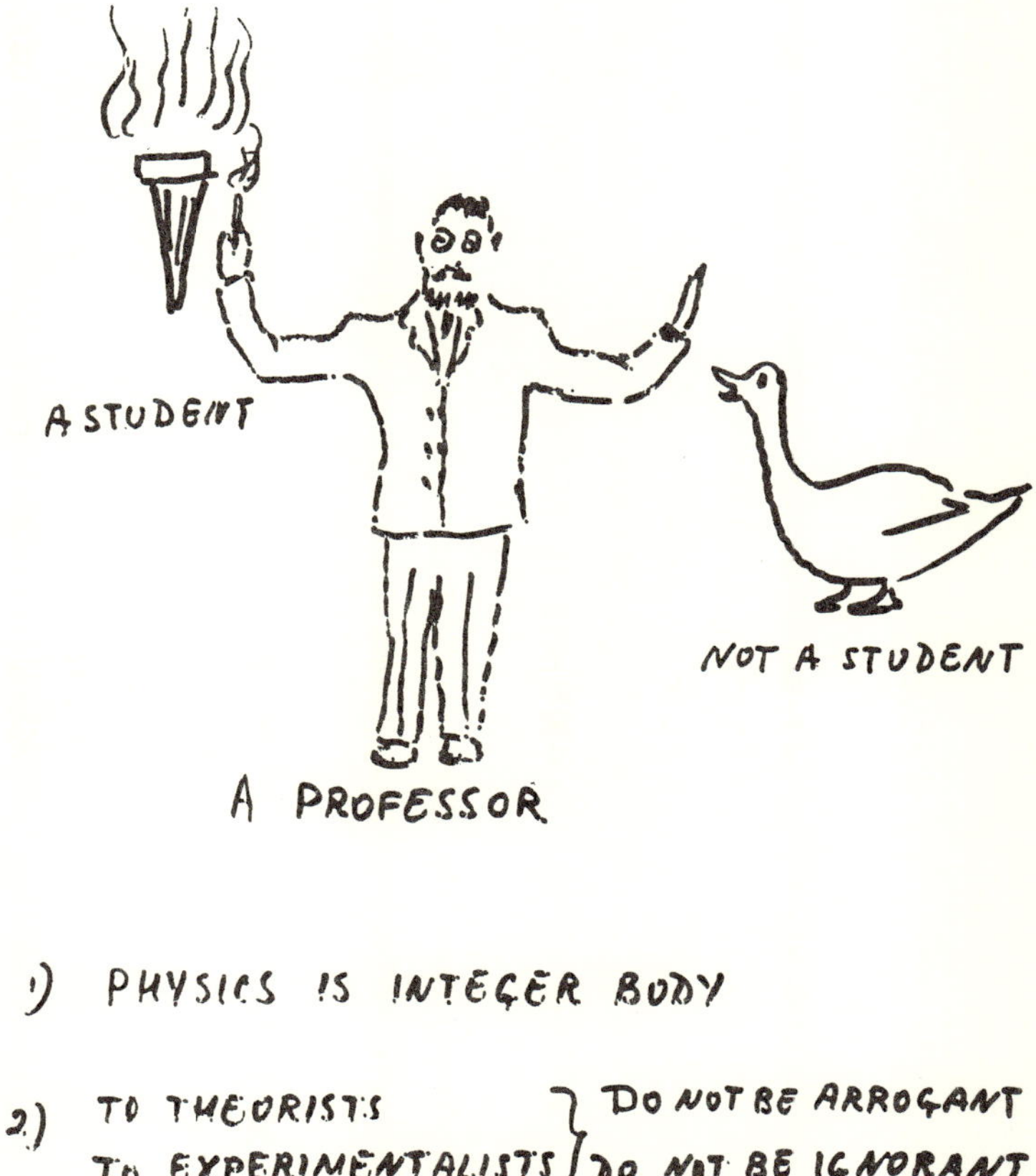
A STUDENT
NOT A STUDENT
A PROFESSOR
1) PHYSICS IS INTEGER BODY
2) TO THEORISTS
TO EXPERIMENTALISTS
DO NOT BE ARROGANT
DO NOT BE IGNORANT

ブラギンスキー先生の描いた学生像

生？　いやいや、先生は「これ学生にあらず、これが学生」と書き加えた。

燃え上がるまで

学問は、嚙み砕いた餌を口移しにするような仕方で伝えられるものではない。嚙み砕いてしまうのは、かえって不親切だ。なによりも学生の楽しみが減るではないか。学生の歯も顎の力も育たない。

そもそも、いくら嚙み砕いてもらっても自分で考えなければ、わかるはずがない。

ぼくも仕方なく嚙み砕いて説明することはある。黒板に丁寧に考えの筋道を書く。「わかったか？　よし」となったら、黒板をすっかり消して、いう。

「さあ、君、黒板に書きながら説明してごらん。」

そのあと、じっくり待つことが大切である。

燃え上がるまで、繰り返し。解法を暗記させているのか、という向きもあろうか？　心配は御無用。すっかり暗記できるほど短い話ではない。要所を見抜いて頭に入れる。これは悪くない。丸暗記ですむくらいの問題をだすように指導して、一方で暗記はいけないという手合いとはちがうつもりだ。

最近は、若者たちを物理に引き寄せるために入試問題を易しくしようという学者先生がでてきた。なんとファニーな対症療法であることか。

ファニー

フィリッピンの大学で物理教育について討論会をしたときのことである。アメリカの大学の先生が、講堂いっぱいの高校教師たちを〝学生〟に見立てて授業の実演をして見せた。

彼は大声で「落体の運動を研究して法則を発見したのは」と唱え、急に声を落として「ガリレオ」と言い、「さて、誰でしたっけ?」と問いかける。フィリッピンでは高校の教師はほとんどが若い女性だが、声を合わせて「ガリレオ!」と叫ぶ。続いて「その法則は、加速度が」と彼は叫んで、小さな声で「一定」と言い、「どうでしたか?」と問いかける。大声の合唱が応える。「一定!」〝学生たち〟の楽しそうだったこと! こうして、実に生き生きとした授業が成立したのだった。

次の日、ぼくの番がきた。「日本では、おもしろい授業をと多くの先生方が唱えていますが、〝おもしろい〟という日本語は、いろんな意味をもっているのです」とぼくは言った。「興味ぶかいからファニーまで」。前日のアメリカの先生は席にいなかった。オーストラリアとドイツの教授はわかってくれたようだった。

本日、頭脳明晰につき休講

この掲示をだしたという先生の心意気にあこがれる。これぞ大学! その昔、広島に文理科大学という学校があった。中学の教員を養成する高等師範の上におかれ、今でいえば大学院ということになろうか? 「頭脳明晰につき」は、そこにおられた三村剛昂《よしたか》先生のセリフである。

夜中に計算をして朝を迎える、ということがぼくにもある。なかなかよい筋だ。もう一押ししてみたい。それを中断して講義に出かけるのは後髪を引かれる思いである。頭脳明晰につき休講の気持はよくわかる。大学が学問を追究する共同体なら、これも許されようというものだ。

物理オリンピック

世界の四十数カ国から選ばれた二百数十人の高校生が、一堂に会して物理の問題を解く。三問に五時間かける。そのあと少なくとも一日の休みをおいて、実験のコンテストにまた五時間。

これが国際物理オリンピックである。総合点を競う。個人の競技だとはいうものの、常に強いのは中国、ロシア、そして東欧の国々。

日本は？　それが、その、まだ参加していないのでして……。

気さくなゴルさん

ことのほか暑い夏のある日（一九九三年）、ゴルショフスキー先生が汗水たらして研究室にやってきた。

国際物理オリンピックの事務局長。ポーランド科学アカデミー物理学研究所の教授。でも、まあ気さくなゴルさんといった感じだ。日本にオリンピック参加を勧めるため東京、名古屋、京都と行《あん》脚《ぎや》する。東京では物理学会の「物理教育問題検討委員会」の先生方に会うという。ぼくは物理学会の会長だ。

「若者にはよい刺激になりますよ」とゴルさん。たとえば、図書館すらない田舎の高等学校。そこからオリンピックの優勝者がでたら、代々語りつがれる。生徒たちも誇りに思う。あこがれを感じます。大切なことですよ、若者に目標を与えることは！

教育といえば、入学試験と応えるどこかの国の大人たちに聞かせたいような話である。試験といえば難問奇問と合唱して、それで批判している気分になる大人たち。なにが、あれしき難問なものか。

実は、ぼくも物理オリンピックの問題をまったく知らないわけではない。一昨年（一九九一年）だったか中国に行ったとき『中学物理奥林匹克趣題選』という本を買ってきた。中国語だが、問題の見当はつく。いま見ると、これがゴルさん編集の本の翻訳だった。

めざましい中国勢

「いや、日本の先生方は、いわゆるスロー・ラーナーたちに関心が向いていて……」と、ぼくは言ったつもりだったが、この「低速勉学者」が通じなかった。「エル」の発音は難しい。赤面して「つまり、オリンピックに出るような生徒を育てることには、日本の大方の先生は興味をもたないでしょう」と言い直さなければならなかった。

「日本では、物理のリーダーを毎年、何人つくるつもりだい？」とゴルさんは言った。「世間の目が生徒大衆の方にいってるなら余計、オリンピックに参加する意義があるじゃないか。これから先頭に立つべき人を引き立てないでいいはずがない」。

「オリンピックのために選手を特訓するという話ですが本当ですか?」こう、ぼくが訊ねたのは、中国で聞いた話を思い出していたからである。

北京・応用数学研究所の王教授。息子さんが数学オリンピックの問題に熱中して困ると言っていた。でも嬉しさはかくせない。「塾から帰ってきてまた問題集にかじりつくんだから!」北京には数学オリンピックの塾がある。ピアノの塾などと並んで。

息子さんは小学校の数学オリンピックで優勝した。「北京大学の附属中学に入れたのも、そのおかげですよ。体操が下手なもんだから、普通なら入れなかった」と王夫人。彼は、その中学でもオリンピック選手に選ばれている。中学を見せていただいたとき、廊下の掲示を指して夫人はニコニコしていた。

物理オリンピックについては、ゴルさんのくれた資料によると中国では二次にわたる国内予選があり、第一次予選に五万六〇〇〇人(日本でいえば、高校が五〇〇〇あるから一校あたり一〇人という数)が参加、一〇〇人が第二次(実験を含む)に進む。そのなかから一五人を選抜して二カ月にわたり特訓。英語の問題を読み、英語で答える訓練もする。国際競技への参加は五人である。その成果か、一九九二年、第二三回のヘルシンキ大会では五人全員が金賞に輝き話題になった。

日本もホビーで参加したら?

ゴルさんは言った。「ロシアも特訓をしている。やりたい国には、やらせておくさ。ぼくは、競技はホビーだと思っている」。

彼の国ポーランドでは、特訓は一〇人に一〇日間だけだ。第二〇回オリンピックまでのデータをみるかぎり金賞、銀賞はない。しかし、努力賞まで入れた受賞率は八七パーセントでソ連、中国に続く。国内予選が二〇〇〇人参加の第一次から二五人の第五次まできめ細かくあることが効いているのだろうか。

「どうだね、日本も参加しないか?」と言われても、返事ができない。選手の選抜にも、派遣にも費用がかかる。特訓だってゼロの国はない。

一九五七年に始まった数学オリンピックには、日本は一九九〇年の北京大会から参加している。そのために骨身を削った数学者たちのことが頭に浮かぶ。

ゴルさんは、日本にくるまえ韓国を訪問して強い印象を受けてきた。「あの国は、これから伸びる。若者たちが張り切っている。努力家だ。教育に国家予算の二二・七パーセントも当てているよ。国防費の二四・一パーセントとほぼ同じだ。日本は?」と言われて、とっさに答えられない。後で調べたら一九九三年には総予算七二兆円のうち文部省に五・四兆円だから七・五パーセント。しかし、これらの数字が何を表わすか、定義を見ないと比較はできない。

帰りがけに、ゴルさんは言った。「他の国は、次々に参加をきめている。日本だけ入らないでいられるものだろうか」。

誇りと理科教育

誇りと愛着

いま、ドイツに来ている。

来る途中の飛行機の中で、高野悦子さんにインタヴューした記事に出会った。高野さんは、いうまでもなく東京は神田神保町の岩波ホールという映画館を取りしきっている方である。

今日、日本映画は、アニメーションを別として、海外でまったく振るわない、という話から、高野さんは論を展開している。なぜアメリカ映画は強いのか。そこにハリウッドの愛着があり誇りがかかっているからだ。日本の映画には、それがない。この国は自分の文化に自信を失ってしまった。

高野さんは続ける。落ち目になったのは映画だけではない。世界に通用する政治家もいなくなった。哲学者もいない。あるのは商業主義。商売がすべてになった。日本人は独自性を失ってコスモポリタンになった――。

いわれてみれば、コスモポリタンと商業主義は結びつきやすい。商売が成功するのは多数に共通の価値のみを価値とし、少数を切り捨てるときである。

映画人口をテレヴィ人口が呑み込んでしまった。テレヴィは、すべてを小さな枠に押し込める。

枠に入りきらないものは存在しないことになる。商業主義は文化を遠くまで連れてゆく。そこは荒地ではなかったろうか？

『ニューヨーク・タイムズ』でも「経済の成功の蔭で日本の知的文化はどこに行ってしまったのか」と問うている由（『日経新聞』一九九四年十一月七日）。

自信と執念

高野さんの話を、ぼくは当世の「若者の理科ばなれ」に結びつけたくなった。

子どもたちが理科が好きになるのは、単に「何故か知りたい」とか「珍しい現象に興味をもつ」とかいうだけの理由ではないのではなかろうか？　子ども心に意識されてはいないにせよ、理科という道具をもって宇宙をつかまえ制御しようとする自信ないし意志が駆動力として必要なのではなかろうか？　模型飛行機が思いどおり飛んだときの喜びは、自然を支配し得たことからくるのだろう。理科を印象ふかく教えるためには、理科のそのような姿勢を喚起する用意が必要である。

自信と意志は、誇りと愛着ということと表裏をなす。愛着を執念におきかえれば、これは揚振寧（英語読みではチェン・ニン・ヤン）教授が研究態度の基本として繰り返し説くところである。執念のないところに深い理解はない。

生活大国と月ロケット

誇りと愛着、自信と執念を生徒たちに植えつける教育とは、どんなものか？

かつて、知性を謳《うた》われた総理大臣が「生活大国」をスローガンにしたとき、いかにも不似合だと思った。生活は貧しくとも志は高くと教えられ、また考えてきた世代には、いかにも矮小に聞こえた。

ソ連の打ち上げたスプートニクに圧倒されてアメリカ全体が落ち込んでいたとき、大統領ケネディが「月に行こう」と呼びかけた。これによってアメリカ国民がどれだけ鼓舞されたことか。そうアメリカで聞いたときの強い印象を、ぼくは折にふれて思い出す。

精神を鼓舞する教育についてドイツで書くには、いくらかのためらいがある。かのヒトラーは扇動に巧みだった。しかし、いまぼくがいるライプチヒの窓からは、精神の昂揚の別の証しが見える。かつてのカール・マルクス広場（いまはアウグスタス広場）に呼びかけが立っている。一九八九年十月九日、〝社会〟主義政権に反対する七万市民のデモが、ここに始まったのだ。「集まろう！　市民運動の代表者の話を聴こう！」

学校における画一と寛容と促成栽培

高野さんのインタヴューも教育論で終わっている。日本の教育はすべての生徒を平均的人間にしようとするが、映画は天才を必要としている。一芸に秀でていれば、学校で良い点ばかりとる必要はない――ここまでは誰でも言う。だから、どういう教育をすべきか、これはインタヴューの枠をはみ出たらしく、記載がない。

学校で、生徒はすべての科目に精をだす必要はないというのだろうか？　芸事に優れた生徒は、飛び級をさせてでも早くから芸術の大学に入れようというのだろうか？

ぼくだったら、どちらにも否と答える。学校が教育のすべてではないし、学校にできることには限界がある。学校では、かなりの程度まで画一ならざるを得ないだけでなく、画一にも効用はある。第一にクラスが同じ目標に向かって進めばこそ、そこに競走も生じ、それが生徒にとって励みの源泉にもなる。それに学校で教える程度の基礎的なことに、そもそも画一は問題になるまい。

インタヴューの前半では、高野さんが諸々の抵抗を押し切って志を実現してきたことが語られている。抵抗を押し切ることは、それだけ考え方を鍛えたはずである。そうだとしたら、問題は、その力を与え鼓舞する教育とは、どのようなものなのか、ということになるだろう。

そこに誇りと愛着が結びつく。教育のこの面は、敗戦このかた強調されずにきた。

イギリスの科学普及活動

日立・基礎研究所の外村　彰さんがロンドンの王立研究所に招かれて「金曜講話」をしたのは、昨年（一九九四年）の十一月だった。

これは新聞などで大きな話題になったが、金曜講話とは何か、王立研究所とは何か、金曜講話のほかにどんなことをしているのか、などを掘り下げようとするメディアはなかった。いま、この国では青少年の理科ばなれが問題だといわれ、急遽あちこちで講演会が開かれ始めているというのに。そんなことを考えていたら「青少年の理科ばなれは論じ尽くされた」という雑誌編集者のつぶやきが聞こえた。この雑誌に二十一世紀はあるのだろうか？

金曜の晩の講話

「講話」はDiscourse。辞書を引くと会話や講演を意味する格式ばった表現だという。確かに金曜講話の案内には「タキシードは必須ではないが、それが習慣であることをわきまえていて欲しい」とある。一八二六年に始まった講話だ。その習慣も長かろう。

講話の始まりが、わが国では江戸時代も末期、蘭学が発展し科学的世界観が普及したときに一致するからおもしろい。寺小屋が増え、庶民教育も広まった。

金曜講話の講演者は、科学の話題を演示実験を交えて素人にもわかるように話すのである。少なくとも、そう要求される。演示実験とは原理をわかりやすく見せるもので、仮説の黒白をきめるための本来の実験ではない。英語ではデモンストレーションという。

外村さんの演題は「電子の波がミクロコスモスのヴェールを上げる」だった。訳すともたつくが英語では簡潔である。彼は光の代わりに電子の波を用いてホログラムをつくり、それから光学技術によって——種々の強調つきで——像を再生するという技術を開発し、これによって従来は見えなかったミクロの現象を眼に見えるようにした。講話では、その技術の原理をデモンストレーションで示し、新たに見えてきた極微の世界の動く姿をヴィデオで見せた。

金曜講話は毎週おこなわれる。案内を見ると「スーパー・コンピューターによる現実のモデル化」「電子の動きで検知するバイオセンサー」「ロバート・フック——英国のレオナルド」「世界は単純なのか、複雑なのか？」などの題目が並んでいる。

ロイヤル・インスティチューション

講話に集まるのは王立研究所のメンバーで、ゲストを二人まで同伴できる。実は、ぼくも講演者・外村さんの招待で聴きに行った。見回すと一廉《ひとかど》のという風情のお年寄りが多く、夫人同伴も多い。

案内書は「科学に興味のある方、すべて歓迎。科学につき特別な資格を要せず」という。王立研究所メンバーの会費は年額五千円。ただし、これは最低限、上乗せの寄付が望ましいと明記されている。家族割引や法人会員（年会費、最低三万六千円）、学校会員もある。

王立研究所の本名はロイヤル・インスティチューション（以下、ＲＩ）。すでに明らかなように「研究所」という訳は必ずしも当たっていない。

もとはといえば「工学上の発明や工夫を知らせ、自然科学の講演とデモンストレーションで一般の人にも科学の応用が理解できるようにする」ため、一七九九年にラムフォードが始めた。「スパイ・軍人・政治家そして大物理学者」（奥田毅『ラムフォード伝』内田老鶴圃）といわれるアメリカ生まれの彼。王室を後楯にしてＲＩを名乗ったが、自分の設計で調理台、ボイラー、暖炉を製造するために煉瓦工を集めて教育したというから、これはタキシードの格式の世界ではない。教育したのは煉瓦工に限らない。ちょうど産業革命のさなかで、昔かたぎの職工に代わって、初歩的な工学の知識をもち図面や仕様書の読める新しい工員が大量に求められていた。

一八〇一年に化学の助講師としてデイヴィーが雇われ、研究に精をだす。翌年、製本屋の見習いファラデーがデイヴィーの化学の講義を聴き、その翌年には願いでて彼の実験助手となる。一八二五年に実験室の長に任じられ、翌年、金曜講話を始めた。当時の絵を見ると、もう彼も聴き手もタキシードを着ている。発電機の原理をなす電磁誘導をファラデーが発見したのは一八三一年である。ＲＩは研究所の色彩を強めた。最盛期は一八五〇年代だ、と奥田はいうが？

科学の普及の施設も、日本では一気に完成品をつくろうとするが、歴史の源では種からゆっくり育ったのだ。その重みへの憧れが、今度ぼくをロンドンまで行かせた。講堂の椅子の布は擦り切れていた。

多彩なサーヴィス

今日のＲＩの活動は多彩である。

金曜講話は夜九時から。質問の時間はない。講話のあとのお茶の会に講師はいなかった。ＲＩが月に一度催す「討論の夕べ」は午後六時からで、講演のあとに討論が続く。主題はたとえば――多くの動物は紫外線を見たり偏光面を識別したりできる。人間にはできない。自然の営みにおけるその意義は、と問うもの。科学と技術の歴史セミナーも「技術と英国産業の衰退――反省」など月に一度開かれる。

子どもたちへの配慮はきめ細かい。「学習年齢」十―十一歳の子どもには、たとえば「化学は……やさしい」。この「……」は意味深？　八―九歳には「電気のつくり方」、五―六歳には「地球と惑星たち」、これらには教師のためのワークショップが付随している。中学六年生には「電子、その運動と磁石」「相対性理論」や「原子力会議――化石燃料時代の後のエネルギー」など。さらに十三―十四歳の子どものためには全国の諸都市で「数学マスター講座」を開く。

クリスマス講演は、日本でも再演されテレヴィでも見られると思われている。しかし、本物は五回のコースである。入場料は会員二千円、その子ども（十―十八歳）九百円。非会員三千三百円。ファラデーの講演『ローソクの科学』は岩波と角川の文庫で今でも読めるが、何版か重ねたブラッグの『物とは何か』は絶版だ。日本はお祭りばかり好きで歴史を大切にしない、と独りごちていたが、ＲＩにもロンドンの科学博物館の書店にもクリスマス講演の記録は見あたらなかった。

イギリス物理学会は、ロンドンの中心に獲得した新しい事務所に科学普及の大きな講堂をつくった。

「物理」は「化学」の後だなんて！

昨年（一九九四年）の秋、アメリカにプリンストン大学を訪ねたとき聞いた話。市の中学・高校に子どもを通わせている教授夫人たちが街角に立って、カリキュラムの改革を訴えたというのである。

二人の驚き

W教授の夫人はヨーロッパ生まれ、教育もヨーロッパで受けた。若い彼女は、夫がプリンストンの大学に勤めることになり、子どものジョンをプリンストン市の高校に入れて、驚いた。ジョンは、第一学年で「生物学」を学び、第二学年で「化学」を学んで、そのあと第三学年になってから「物理」を学ぶ。それが学校の定めたカリキュラムであるということを、彼女は聞かされた。

「物理が化学の後だなんて！」と彼女は驚いた。「化学が物理の知識なしで理解できるというの？」そして友人のアメリカ人に訴えた。このAさんも教授夫人で、子どもをプリンストン市の高校に入れたところだった。

「プリンストンの高校では生物学を化学や物理のまえに学ぶようになっているんですって。あなた、いまの生物学が化学や物理の知識なしで理解できると思う?」とW夫人は言った。「私の受けたヨーロッパの教育では、物理も化学も生物も同時進行の形で学んだものよ」。

今度はアメリカ人のA夫人が驚いた。そんな教育の仕方があったのか!

確かに、遺伝は分子だ、血液の機能は化学にほかならない。分子や原子からものを考えるのは物理そのものである。神経を伝わる信号は電気だし、脳の研究は物理的な手段なしに考えられない!物理と化学と生物学の内容を上手にアレンジして同時進行させ、それらの勉強が互いに他への食欲を増すようにすることができるなんて、なんと素晴らしいことだろう。A夫人は感動した。

こうして、二人の驚きは輪をひろげ、教授夫人たちが市の教育の改革を要求して街角で訴えることになった、という。これが去年の秋にL教授の家に招かれたとき夫人から聞いてきたことである。このL夫人は、子どもがとっくに大学を終えているのに、街頭演説に参加した。やはりヨーロッパ育ちで、子どもがアメリカで受けた教育に不満を感じていたのである。

あの街角、この街角で

なにしろ、美容院に『サイエンティフィック・アメリカン』(『日経サイエンス』は基本的にこの雑誌の翻訳である)が置いてあるという国である。教授夫人ならずとも、いったん眼が開かれれば理解は速かにひろがったことだろう。そう、ぼくは思った。「そもそもプリンストンの住人は、ほとんど大学関係者ですからね」と言うと、「いや、反対がおこったの」とL夫人。

「物理や化学の同時進行には、大学教授の子どもならついてゆけるだろうが、私たちの子どもには酷だ」という声が上がったというのである。なかには「化学にせよ物理にせよ将来使うわけではないのだから、しかつめらしく考えることはない。一つでも勉強しておけば充分ではないか」という人もいた。

本屋の前では教授夫人グループが演説し、グローサリーの角では反対派が叫ぶ。そんな情景を想像しながら、ぼくは三十年も前のことを思い出していた。プリンストンは大学の町である。当時の地元の新聞に、こういう論説が載ったのだ。

「大学の人口が増え、その結果としてプリンストンの小学校は大学関係者の子どもが大多数を占めるようになった。これは困ったことである。さまざまの背景をもつ子どもたちが友だちになってこそバランスのとれた成長がかなうのだ。市の人口構成を調整しなければならない。」

この考え方をとると、どうしても「私の子どもには酷だ」という声が避けられなくなるだろう。ふと、そう思ったのである。

しかし、二つを結びつけるのは間違いだ。親が大学関係でない子どものなかにも理科の理解に優れた者はいるにちがいない。反対に、物理学者の息子でも理科が得意とはかぎるまい。ことを大学に関係する者、しない者の対立という軸で考えてはいけない。軸をとるなら、理科が得意か、不得意かだ。いや、ぼくは、その軸も選びたくない。理科は万人のものだと思いたい。さらに、教授夫人たちの考えに分があると思いたい。この点をL教授の家でもっと議論すればよかった。

日本では……

「物理・化学・生物の同時進行の教育があり得ることにアメリカ人は驚いたそうですが」とぼくはL夫人に言った。「第二次大戦後のアメリカ軍による占領まで日本ではヨーロッパ型の教育がひろく行なわれていました」。かねがね、今の日本の高校の理科教育に疑問をもっていたからである。物理、化学、生物がバラバラに教えられているだけでなく、生徒の個性の名のもとで極端な選択が正当化されている。

ぼくは、戦争が終わったとき、いわゆる旧制の中学一年生だった。理科の科目には「物象」と「生物」があったと思う。「物象」は確かだが「生物」がそう呼ばれていたかどうか？　でも、動物の分類の話で始まった授業を憶えているから、生物の科目があったことは間違いない。

L夫人の話は、理科のカリキュラムを越えて、教育の地方分権や、自分の子どもの教育への市民の関わり方などの問題も提起している。

フィリッピンに負けるな

学術振興会のお世話でフィリッピンに講義に行ってきた。一九九五年の三月も末。彼の地の「夏休み」直前である。太陽が日本で最も頭上に近く来るのは六月末の夏至だが、そのときフィリッピンでは頭上を通り越している。夏は日本より先にくるのだ。さぞ暑いだろうと覚悟していたが、湿度が低く苦にならなかった。

フィリッピン大学の進歩

会議のための短期滞在を別にすると、フィリッピン大学訪問は今度が二度目になる。最初に訪れた一九八四年には物理の実験的研究と呼べるものは——学生たちがレーザーを手づくりしようと苦闘していた以外は——まったくなかった。それに比べれば進歩は著しい。高温超伝導や光学計測など多くの実験室ができていた。それぞれの指導者たちは、すべて日本学術振興会とフィリッピンの科学技術省の間の研究者交換計画により日本で訓練された方々である。

とはいえ、多くの実験装置が修理待ちであったのは、夏休み直前の学年末試験中だったせいでもあるが、主に資金の不足による。装置が手作りであるのは、この発展段階では喜ぶべきことだ。問題は資金がなくて装置の手直しもできないでいることである。

そうした状況のなかで学生たちがキリッと自分の足で立っているのが、日本から行った大学教師の目には痛い。そして耳には彼らのメリハリのきいた主張と質問が、むしろ快く響くのであった。

副学長は旧友の物理学者である。いま学内に科学技術団地をつくっている。企業の研究所を誘致し、共同研究によって収益をあげるのだという。すでに二、三の企業の参加を得た由だが、まだ日本の企業は入っていない。

最近、物理教室の指導的なスタッフが一人、大学の近くにきた計算機素子製造のインテル社に引き抜かれた。半導体検査の仕事で、給与が三倍になるという。彼も日本で訓練を受けた一人で、研究から離れ、また大学に迷惑をかけるのはつらいが、家族のためだ、苦しんだ末の決断だ、と言っていた。この国の大学教師の給与は、いかにも低いのである。

マニラの科学高校

マニラには国立の科学高校がある。フィリッピン全土の小学校から高い競争率の試験で生徒を選ぶ給費・四年制の高校で、いつか訪問したいと願っていた。というのは以前、ここの卒業生に大学で会って強い印象を得ていたからである。そのとき、ぼくは「フィリッピンには高校生が読むような科学雑誌はあるか?」と訊ねた。彼は「ない」という。「では何を読むのか?」「『フィジックス・トゥデイ』」。

この雑誌は日本では『パリティ』として訳が出ているが、もとはアメリカ物理学会の会員のための雑誌である。どの記事も専門外の学者のために砕いて書いてはあるが、日本の高校生は翻訳でも読むまい。実際、最近さる大新聞社が出した大学案内虎の巻に推薦してあったのは雑誌『ニュートン』で、なんとこの絵本を科学の基礎から詳しく説明していると評価していた。これが日本の高校生の実態なのだろう。

科学高校に着いてオヤッと思った。あちこちで談笑している生徒たちのあどけなさ！　エリートへの期待は破れたが、考えてみれば彼らは小卒なのだ。

副校長はフィリッピンの物理教育の指導者。これまでに何度も会っている。彼女の案内で校内を見る。

まず、理科の実験室。この高校では卒業研究を課しており、卒論がきれいに製本されて並んでいる。

その一つに液体の中に鉄の円錐を落とし、頂点を上にしたときと下にしたときの落下速度を比べ、また円錐の大きさとの関係を調べる研究があった。最優秀の生徒のものと聞いて、その生徒に会ってみた。

「なぜ円錐を調べようと思ったの？」と訊ねると「ある本に円柱の場合が書いてあったので、次は円錐だと思いました」という。問題は、彼自身が見つけたわけだ。そこで「落下の途中で円錐がひっくり返ることはなかった？」と訊ねてみる。彼は、頂点が下のとき円錐の重心が浮力中心より上にくるので不安定になる、という。物体が液体の中にあれば重心と浮力中心は常に一致するはずだが、と言いかけて、いや、それは物体が静止している場合だ、落下中には、と思い動揺。説明を求めると「本にそう書いてあった」と、ことをなげな答えが返ってきた。

副校長は物理の教師に不満である。人材難なのだ。理論に興味をもつ生徒を指導してくれないか、という。

日本からの援助で購入したという実験機器を見て驚いた。電子式の自動秤、フーリエ分光器など、どれも高校に適当とは思えない。いずれも高校自身が選択した由だが、求めに応じた方の科学常識を疑う。

南の島の私立高校で

赤道に近いボホール島の海辺にフィリピンの物理学者夫妻が理論物理学研究センター（RCTP）を自力で建てた。固定所員は夫妻だけだが、客員用の立派な宿舎兼研究室が十あまり。いま、この種の研究所は世界の各地にできており、わが学術会議も政府に建設を勧告した。

マニラの後、RCTPにお世話になった。そのことも書きたいが、いまは、その町の高校の方にしよう。

のどかな田舎町である。そこで物理と化学の先生から話をきいた。まず、教科書を見て、それがなんとか生徒を納得させようと全力投球で説明をしているのに感心した。日本の教科書の軽薄短小とは大違いである。

生徒は理解しているのだろうか？　生徒のノートを見ると内容を正しく受けとめて、きちんと書いている。感心、感心。そこで「生徒はどんな質問をしますか？」と訊ねた。化学の先生が、笑いながら「いまファックスは文字や絵を送るために用いられているが、将来は人間も送れるようになるか、ですって」と言うので、思わず「見事な想像力！　先生は何と答えたのですか？」インテリ風の彼女がにこっとして「多分ね、と」。お見事！　教科書の内容とはアンバランスだが、授業の様子が窺えて安心した。

理論物理学研究センターの夫妻は、この田舎の子どもたちの素朴さに期待している。マニラの科学高校に講演に行くと、「物理学者の収入はいくらか」という類の質問ばかりされるので、といって――。

人生の半分を生きた小世界

「やや、きざな言い方をすれば」と野口悠紀雄氏は断わって「高校時代に人生の半分を生きた気がします」と語っている。ぼくも以前から同様に感じていた。大学に入ってから後にしたことは、どれも高校時代に背負い込んだ宿題につながっているようだ。

野口氏は新聞や雑誌によく登場する経済のオピニオン・リーダーである。氏が、『日本経済新聞』(一九九五年十月十七日)の紙上で、東京では「学校群制度の導入で知的環境が壊れた」とし「これは日本の将来にとってゆゆしき問題です」と言い切った。いっそ「言いきって下さった」と書いて拍手を送りたい。

生意気な子どもたち

氏は、旧ソ連がスプートニクを打ち上げた一九五七年に日比谷高校の二年生だったという。生意気な子どもたちが背伸びしあっていた。高名な数学者・高木貞治が旧制大学の講義をまとめた『解析概論』(岩波書店、一九四三年)をバイブルと仰ぎ、その理解が一歩進むたびに心の底から感動していた。そのたびに世界がわっと広がったから!

ぼくが学んだ高校は、群馬県の太田にあった。東京の日比谷には比べられないだろうが、『解析概論』は読むべき本としてあった。読み方は浅かったかもしれないが、負け惜しみでいえば、それは仲間の興味が物理に向かっていたからである。出たばかりの湯川秀樹『量子力学序説』（弘文堂、一九四七年）をクラスの二人がもっていた（ノーベル賞旋風の結果ではない。それより前だ）。手当りしだい読める部分をかじるというのが若者流だ。かじりとった断片をつないで自分の世界を組み立ててゆくほかなかった。当然それは孔だらけで、いくつもの宿題を背負い込むことになった。

中学に入ったのは終戦の一九四五年だったから、まだ旧制だった。それが二年生のとき新制に変わり、授業は復習のようになった。生意気な子どもたちは「日本の将来にとってゆゆしき問題ではないか」と憤慨した。先生は、教育のトップ・レヴェルは下がるだろうが平均が上がるのはよいことだ、と説明したが、得心がいかなかったことを憶えている。それでも旧制の空気は、しばらく残っていたと思う。

学校は子どもの小世界

「授業も生徒が自分たちでした」と野口氏は語っている。「教師は窓際で昼寝していた」。そう、ぼくらも、授業をしたことがある。英語の授業で、先生の言うことが納得できなかったのだ。「関係代名詞の前にコンマがないときには〝……であるところの〟と後から先に訳して前に戻れ」。ぼくらは反対した。文章は前から順に読むのだ。行ったり戻ったりするものか。不条理をいう先生は、そこに坐っていいてください。授業は自分たちでしますから！　白状すれば、それはしんどい仕事で、

二、三回で先生に返上することになった。いま思えば、子どもたちによい経験をさせてくれた先生に感謝あるのみ。

学校とは、子どもたちに全世界をとらえていると思わせる仕掛けである。いわば、閉じた小世界。その機能がなかったら自主性は育つまい。外から醒めた目で見たら嫌らしいこともあるだろうが、それも発達の段階。チョウチョウも蛹《さなぎ》から育つのである。

だから『解析概論』を拓くべき世界と感じるような子どもを集めたのは有効な方法だったと思う。そのグループの隣に、たとえばトルストイを語るグループがいて、ときに互いに口角泡を飛ばせば理想的だ。

詰め込み?

「詰め込みだから創造性が育たない」という議論は誤りだと野口氏は言う。ぼくも、だいたい賛成だ。野口氏も「受験勉強はしたが、決してガリ勉ではなかった」と言っているが、物理が全世界であったぼくらの仲間にも、物理や数学に受験のためといって構えた勉強はなかった。詰め込みだといって心配するのは、醒めた目の取り越し苦労である。

そうはいっても、歴史など詰め込みを嘆いた科目もあって、勉強に身が入らなかった。今にして思えば、歴史にしても、もっと広い目で見ていたら興味がもてたはずだ。物理の歴史を考えながら、その背景が頭に浮かんだらと不勉強を悔やむこの頃である。

その「詰め込み」だが、想像もしなかった変種があることに最近の学生を見て気づいた。物理の問題でも、解答を脈絡もなく一部始終おぼえてしまうのだ。これを世間が「詰め込み」といっているなら、創造性など論外である。言葉は相手の使い方に注意して使わなければならない。世間で「創造性」といっているのは何のことだろう？

「米国も詰め込み教育をしている。ただ、年齢が違う」と野口氏は言う。「日本では小学生が猛勉強し、米国では大学、大学院生が勉強する」。こうして、氏の結論は、日本の「教育制度を根本から考え直さないといけない」となる。野口氏のような影響力の大きい方がこう言って下さったことはありがたいが、ここまでくると、直ちにその通りとは言いかねる。「米国では」と括れるほど彼の地の教育は一色だろうか？　日本で「教育制度」を変えるとは、新聞記者が「大学を訓練の場に」と受け取ったように、新しい色にもせよ一色に染め上げることか？

教育における間接法

最近「国際的に通用する人をつくるには若いときの留学が有効」だから「大学の入試で留学経験を評価に入れよう」という発言を読んだ。教育の要衝にある人の発想は常にこのように近視的で、気にかかる。Aという効果を得るには、施策Cをする。そうすればBが起こってAにいたる、という間接法が教育では大切ではないか。それで直接法の副作用が避けられる場合もあろう。高校の時間割を圧迫している家庭科の拡大も、近視的な施策の例である。かつては小学校の国語の教科書にも理科の話題が含まれていた。その望遠鏡の話に動かされて天文少年になった例もある。教師にも教育効果があっただろう。

II 理科が危ない

教育の基本が欠落――高校生に

「新しい学力観」の虚妄

教育のスローガンは立派に見える。「考えさせる」「創造性を育てる」そして、最近では「新しい学力観」ときた。

「新しい学力観」については、新聞に文部省の人が書いていたのを読んだんだけれど、教育の雑誌などでも話題になっているようだ。読んでみようと思っている。

でも、気になるね。「観」というのは、「主観」にも「客観」にもなりうる言葉だ。念のために『広辞苑』を引いてみると「見解、みかた」とある。そういうものをお役所が決めてよいものだろうか？　どういう教育がよいか、その考え方は人によってさまざまだし、社会の中でさまざまな考え方、実践がブレンドされていくときに、進歩が生まれるのだと思う。一言でいえば、教育は多神教の世界にしておくべきだ。

教育観を上から押しつけてくることは困ったことだが、その内容にまた問題が多い。文部省の見方では、「考えさせる」には、教材の精選とかで、教えることを少なくするのがいい、ということになるらしいね。授業時間も減らしたんだってね。それで、考える動機も与えず、足場も与えないというところまで突っ走ってしまったんじゃないか？

よく「科学は疑問から始まる」というけど、単に「何故？」と訊ねるだけなら誰だってできる。そんな受け身の姿勢から生まれる科学は知れている。

「自分の知識からすれば、こうなるはずなのに、ならないのは何故だ？　おかしい！」という「主張を含んだ何故」が、科学の疑問なんだ。これが、ぼくの科学観。

だから、疑問をもつには力が必要だよ。疑問を問題の形に練り上げるには、もっと力が必要だ。そこまでできたら疑問は半ば解けたようなものだけれど、解ききるには、やはり力が必要だ。

新しい学力観によれば、公式は憶えなくてよいそうだ。「本を見れば書いてある」という。でも、使ってごらんよ。使い慣れていない公式が使いこなせるか？　どうやって公式を見つけ出す？

そりゃあ、無理に憶えようとするのは無駄だ。中学や高校で出てくる公式は基本的なものばかりだから、証明がそらでできるくらいまで考えぬくことだ。そうすれば自然に憶えてしまう。

英語の単語でもね、憶えなくてよいというけれども、それは言語観が間違っていると思う。たとえば nose は鼻だという。しかし、飛行機の機首でもある。それから管の先端。決して英語の単語と日本語の単語が一対一に対応しているのではない。何度も字引を引いて、そして使ってみて nose なら nose という単語を、広がりをもったものとして捉える、理解を形づくってゆく作業が大切なんだ。こういうと、暗記より理解が大切とオウム返しがきそうだけれど、ぼくは脳はルツボだと思っている。憶えては思い返すことを繰り返しているうちに理解が進む。

英語の教科書が脚注に単語の意味を載せるようになっているけど、ここにも学習観の間違いがあると思う。いや、著者はわかっているけど商業主義に抗しきれないということだろう。

高校生のときだった。英語について『動詞時制の研究』（細江逸記著、泰文堂、一九四八年）という本を読んだ。過去完了はこれこれの場合に使うと文法の本に規則が載っている、その規則の背景を探った本だ。とてもおもしろかった。日本語にも仮定法はある、という。バナナの叩き売りが「買った、買った、買った」というのは一例だというんだ。なんでも少し掘り下げるとおもしろくなるということを実感した。

創造は攻撃だ

三角形の合同条件は知ってるだろう。それと面積をつなげて考えたことがあるかい？　知識はつなげる、組織化を試みるべきものだ。その場、その場で本を見て使うというのではなくて、自家用の組織を組んでゆく。創造は攻撃なんだ。

三辺の長さがそれぞれ等しい三角形は、合同だ。合同なら面積も等しいはずだから、三角形の三辺の長さを知れば、面積が求められるはずだね。これは数学の先生に聞いたんだが、その先生は三辺の長さで面積を表わす公式があるはずだと思いついて、何日も考えたそうだ。そして発見した。合同条件が身についていると、ふっとそんなことを考えたくなる。これも創造の一つだ。自分で思いついた問題にのめり込む。おもしろいよ、これは。その公式はヘロンの公式として本に載っているってことを、彼は後で発見するんだが、これは彼の発見でもある。

一辺とその両端の角で面積を表わすという問題も考えられる。挑戦してみるか？

「考える」というのは、生やさしいことじゃない。場合によっては一カ月も二カ月も一年も考え続ける必要があるんだ。新聞で読んだ「新しい学力観」の説明からは、そのエネルギーは感じられなかった。ひ弱だ。

教育する側の姿勢のせいだろうか、近頃の学生のなかには「勉強するとはどうすることか」誤解している者が多い。「高校でやさしい問題ばかりだった。大学にきて初めてハードな考え方にぶつかった、面喰らった」という学生がいた。やがて「ハードな問題にチャレンジすることが学問のおもしろさにつながるということが初めてわかった」というんだ。

日本の教育はここまできてしまっている。教育が、ぼくから見ると、国全体の規模で骨抜きになり、ますます骨抜きになっていく。これでよいはずはない。戦後の経済復興に新制度による教育の普及が力になったという。そうかもしれない。しかし、そこに戦前の教育を受けた人々のリーダーシップがあった。これを言う人がいないのは不思議だ。そのうち指導者不在が問題になるよ。人々の目が入試に奪われている間に教育の空洞化が進んでいる。学生の学力は大学で見るかぎり、はっきりいって下がっている。僕らの大学だけじゃないんで、他の大学の先生も同じことを言っている。国全体でそうなっているということは、日本という国の教育路線が効果を現わしてきたということだろうね。そうだとしたら高校生の君たちも自分でしっかり足場を見定めておかないと大変なことになる。

理科と数学、バラバラ事件

高校の物理だって、考え方を教えるだとか、内容の精選だとかいって、どんどん魅力をなくしているんじゃないか？　というのは、物理のおもしろさもね、いろいろの現象をつなげて一貫した理解をつくる、それに創造力を加えて未知の現象にむけて延ばしてゆくというところにあるんだから。数学も選択、物理も選択。だから、数学で習うことも物理では使わないことにせよ。教科はバラバラ。これも新しい学力観に基づく施策なのだろうか？　とにかく、一緒になって出てきていることは確かだ。物理、化学、生物もバラバラ。高等学校の段階で理系だ文系だといい、最近は物理と化学と生物を分ける。そんなに専門化するのは高等学校では早すぎるよ。物理と化学を分けて個性だなんて。

化学には物理の力が必要。生物を考えるには化学も物理も必要だ。日本でも敗戦までは、中学の各学年で物理も化学も生物も教えたものだ（本書「物理は化学の後だなんて」を参照）。日本では政府の統制がきついからね。先生たちも、それを当たり前と思っている。近頃は誰も批判をしなくなった。金縛りにあったみたいだ。

科学雑誌は学問温度の指標

お湯に温度があるように、社会にも学問温度というものが考えられると思う。ノーベル物理学賞が「中性子回折の研究」に与えられたと聞けば、何だ、何だ、それは、と沸きかえるような、ね。大江健三郎が「受賞した」ことではなく受賞を機会に、「大江文学って何だ？」ということに関心がゆくような、ね。そういう学問温度の高い社会をつくりたい。

学校の先生が話してくれるといい？　それもよかろう。しかし、沸き返るのは生徒たち。そう願いたい。先生は基礎的なことを筋道立てて教えるのが仕事だ。あまり脱線もできない。学校には限界がある。学校は読み書きソロバンをしっかり習うところ、それで十分としたい。近頃は、学校に負担をかけすぎる。

高校生も、社会という環境に浸かっている。社会の科学温度の指標は、その一つはといおうか、科学雑誌だと思う。いま、日本に科学雑誌があるだろうか？『科学朝日』（朝日新聞社）というのがあるけど（その後、一九九六年八月に『サイアス』に変わり、二〇〇〇年の年末までがんばったが倒れた）、科学を対岸において眺めている感じだ。これから科学を動かしてやろうという高校生の感覚に合うかどうか？　まぁ、これは社会人の雑誌ということかな？

ぼくが高校生のときには『自然』（中央公論社）という科学雑誌があった。これは当事者意識の強い雑誌だった。社会の問題でも、書評なんかでもね。怒るときは本気で怒る。物理の紹介にしても、歴史にも背景にも目を配り、本気で批判もした。論争もあった。つまり、温度が高かった。

そこには物理も、化学も、生物学も垣根なしに載っていた。それを読む高校生だって、それらをバラバラのものとは思っていなかった。一九四六年の創刊だから、ちょうど分子生物学が生まれて育つときだったし、天体核物理もそうだった。原子力にも幼児期から付き合ってきたわけだ。

『自然』は一九八四年の五月号を最後に何故か休刊したままだ。ああいう雑誌が欲しいね。高校の図書室に保存されているといいね。一度、行って見てごらん。

大学についても、こういう雑誌を読み、本を読んで、どこにどんな先生がいるか、何を研究しているかを知ったものだ。

今は大学の自己宣伝のパンフレットが花盛りだね。『ガイドライン』（河合塾）も高校生は参考にする？　しかし、両方併せても、もしも良質の科学雑誌が毎月出るとしたら、その情報には質も量もかなわないと思う。大学を宣伝しようとする美辞麗句を見るか、活動内容の報告から大学の性状を読みとるか？　この差は大きいんじゃないだろうか？

最近、企業がPR活動の一つとして科学をめぐる話題の雑誌を出すのが流行っているけれど、高校にも行っているんだろうか？　それには、批判の姿勢がまるでないものが多い。あれでは科学は伝えられないよ、あのお金を何社かが持ち寄って志のある編集者を育てたらいいのに、と思う。

テレヴィが人を愚かにした⁉

企業のPRといえば、ひどいのはテレヴィだね。ものを考えるな、という説教を朝から夜中まで垂れ流しているのと同じ。かつての戦争中のかけ声みたいだ。前に「テレヴィによる一億総白痴化」を言った人がいたけれど、そのときより確実にひどくなっている。

大学で見ていると、新入生の計算力が年々落ちていく。それより推論の気力が落ちていることが心配だ。小さいときからのテレヴィの影響じゃないだろうか？　見る聞くだけの一方的な受け身。見て聞いて考えるなんて内容じゃない。ナンセンスの速射砲。それに慣らされて、それにしか波長が合わなくなった受信機。

企業がテレヴィ公害に気づいてスポンサーするのをやめてくれるとよい。それしかない。それ以外、何をしても対症療法で、基本的な治療にならないんじゃないか？

この間、イギリスから来た物理のお客さんに「テレヴィは物理の敵だ」と言ったら、「物理に限らないでしょう」と言う。そのとおり。「考える人」に育ってほしいと思っている人、そう思っているすべての人の敵だ。だから、物理の敵でもある。「考えるのは面倒だ」「計算は面倒だ」という人が多くなったのは悲しいことだ。テレヴィの影響は否定できないと思う。

テレヴィのおかげで、めったに見られない実験が見られるって？　あれは、なんといっても代用品だよ。マルチ・メディアにしても同じ。

いや、教育を論ずる人が学校とか塾しか見ないのは困ったことだ。社会環境の影響がこれだけ大きくなっているのに。

これまで見てきたように、日本の教育のレヴェル・ダウンは覆いがたい事実である。昨今の旧帝大の大学院重点化は大学院教育で勘定を合わせるべく構想されたかに見える。しかし、実際は大学院をマス教育の場にすることだ。大学院が研究することを学ばせる場として成立しえなくなる恐れがある。

どうも、納得できないことが多い。言いたいことは、まだまだたくさんある。

高校生には、教育界の動きに惑わされず、しっかり自分の足で立って、しっかり勉強してもらいたい。

大学と環境・歴史

教育論の騒鳴は今に始まったことではない。それを読んだり聴いたりして、いつも奇妙だと思うことがある。論者が、大学を論ずるときは大学だけ、それも今の大学だけとりあげて、大学をめぐる環境は考慮しない。言及しても、せいぜい十八歳人口の減少傾向と青少年の理科ばなれくらいのものである。

歴史を振り返ることもしない。文部省は、戦後さまざまの政策を試みてきたが、(1)成功した部分があったのか、ないのか、その自己評価も、教育界からの評価も聞いたことがない。多数の生徒や先生を使って人体実験を繰りかえしてきたことになるのだが、新しい試みをするとき過去の失敗に学んだ形跡はない。

1　現在の問題

いま、日本では大学の外は冬である。大学改革の構想は、それを前提にして立てるのか？　二十一世紀を望む構想は、環境の改善をも含めて立てるべきではないか？

大学の外は冬である。社会の学問温度が低い。学問も商品になった。その買い手、つまり学生たちは、勉強することは教わることだ、と思いこんでいる。大学からみると、ここ数年、この傾向は特に著しい。受験予備校の先生たちも、そう言う。かつては、受験勉強は一人でするものだった。いまは、予備校に通いつめる。質問に列をなすのは一見よいことのようだが、そのほとんどは「もう少し自分で考えてから来い」と言いたくなる体のものだと教師が嘆いている。しかし、高校生が悪いとはいえない。勉強とはそういうものだ、と思わせる社会環境がある。受け身を強制するテレヴィ放映は朝から夜中までナンセンスの垂れ流しである。

高校の教育が空洞化しつつあるようだ。入試の面接で「弾性衝突」について訊ねて驚いた。どの受験生も異口同音「反発係数が1の衝突です」という。よろしい。驚いたのは、エネルギーの保存との関係を訊ねたとき、ほとんどの受験生が聞いていないと言ったことである。考えてみると、衝突の問題は反発係数を使えば一次方程式で解けるが、エネルギー保存をもちこむと二次方程式になる。マッハ顔負けの思考経済である。衝突の入試問題に限れば――!

思考経済といえば、こういう話も聞いた。数学の先生が「この問題は、こうしても解けます」と言って説明を始めようとしたら「先生、答えは一つだけにして下さい」と生徒たちが言った、と。二つは憶えられない。しかし「憶えればすむ」と生徒に思いこませたのは、『学習指導要領』の締め付けによる教材の定型化である、という指摘がある。(2)

個性とやらが安手に喧伝されて、「個性」尊重、きらいな科目は勉強しなくてよいと言われ始めた。

一九九四年度から施行される『学習指導要領』も「個性」重視である。物理がお嫌いなら、とらなくて結構。その一年間、それも週三時間の物理も、他の教科に押され週五日制の圧力に押されて、先生方は確保に必死である。その内容も教材「精選」とやら、いたるところに立ち入るべからずの制札が立つ。体系無視はアラカルトになる数学のコースも同じである。後始末は大学で、か？

社会の学問温度が低いことは、科学雑誌の貧困にもあらわれている。学校科学しか知らされずに育つ中学・高校生には申し訳ないことである。

かつては『自然』という科学雑誌があり、元気のよい科学評論で若者に大きな影響を与えたが、一九八四年五月号で不意に休刊を宣言したまま復活していない。後を襲って科学雑誌を出そうという出版社も現われないまま、雑誌飢餓を感じる人も少なくなってしまったようである。日本の科学の状況も科学政策も知らされず、議論もせずにいて、飢えを感じないのは奇妙ではないか。

いや、日本の物理学は純粋の学問になったのだ。「科学雑誌になんぞ書いても点にはならないよ」と忠告してくれた偉い先輩の言葉が思い出される。これが大方の先生の考えだったかもしれない。日本の科学者が純粋を指向したのは、外国の学術誌しか読まなかったからだろう。科学の研究者は余計なことをしないものだと思いこんだ（純粋培養され意見を表明したことのない世代が、いま教育改革にあたるのだから、空恐ろしい）。

科学雑誌がないわけではない。必要な階層をなしていないのだ。『科学』（岩波書店）は高級誌とみられ、『科学朝日』（朝日新聞社。いまは、ない）は高校生を含め自ら考える人には物足りないだろう。数理がかった方面では『数理科学』（サイエンス社）と『数学セミナー』（日本評論社）が日本の状況を伝えているが、どれだけ高校生に読まれているだろうか？『日経サイエンス』（日本経済新聞社）は翻訳が主である。いずれも評論は少ない。フランスの友人に『自然』の休刊を話したとき「日本の科学者は科学批評や政策の批判をどこでするのか？」と訊ねられた。その役目を新聞が少しは引き受けているが、充分というには、ほど遠い。

大学では流れ込んでくる冬の冷たい空気を温めることに躍起である、しかし、成功しているとは言えない。受け身の学生に学問を伝えるのは難しい。

少なくとも大学では、学問は一次元の鎖では済まされない。AだからBでCがあるというだけではなく、学問が網の目のような、いや立体的な構造をもっていることを体得してもらうまでは、大学の仕事は終わらない。といって、そのつながりを全部たどることは講義でも実験でも無理だから、学生の自発的な探求に委ねざるを得ないのである。教わったことを、教室を出てから話題にし、押し広げて考えてみる、という習慣のない学生に学問を伝えることはできない。

まず、そのような姿勢をつくろうと教師が考えるとき、いまの制度は具合が悪い。どの科目も毎週一回しか講義がない。それを補うには宿題をだすのが一法だが、問題練習で学生に学問の構造を反芻させるのは容易でない。

単位制というのも奇妙なもので、学問は１＋１＝２になるものだという印象を与えるらしい。本当は、学んだことは財産となって利息を生み、複利法で指数関数的に増えてゆくはずなのに！　一度とった単位が、科目の内容を忘れてしまっても財産として生きているのも奇妙である。

大学で学生を学部・学科に分けて専門教育をすることには、同じ方面に興味をもつ学生を集めるという機能もあったはずだ。ウランを濃縮して爆発させるのは物騒だが、問題を共有することのできる学生を濃縮して探求活動を爆発させる、という機能。あるいは、学生同士の興味の相乗効果。近年、これが低下している。理学部の各学科の学生定員を増したことが一つの原因ではあろう。クラスが水増しされ稀釈されても、類が類を呼ぶことがあればよい。しかし、受け身の時代である。その上、社会の学問温度が低く、解決したい疑問、あるいは好奇心をもって大学にくる学生が減ったことも大きい。

2　旧制高校

今度の大学教育改革は戦後二度目だといわれる。最初は一九五三年の「新制」大学の発足。それまでは中学（四あるいは五年）、高校（三年）、大学（三年）という階段だったものが、その中学校を分割する形で一九四六年に新制中学が、一九四八年に新制高校が発足した。旧制の高等学校は多く大学に吸収され、あるいは自身が大学になった。

旧制の高校は良かったと多くの人が言う。高校に進む人数が少なかったからこそ可能だったことで、今はとてもできない、という話も聞く。そう言っていてよいかどうかは、ともかく、良かった制度なら、教育を変えようという時には振り返っておく価値があるだろう。

さいわい、非線形振動の戸田格子で知られる戸田盛和先生の回想がある。先生が武蔵高校に入ったのは、おそらく一九三〇年だろう。ここは中学と高校をつないだ七年制の高校で、一九二二年の創立。卒業生から多くの特徴ある物理学者をだした。それ以外の分野にも有能な人士をだしているに違いない。

戸田先生に聴こう。(3)

今から考えると、武蔵は実にぜいたくな先生方をそろえていた。名著『わかる幾何学』(高岡書店、一九二二年、改訂版、日新出版、一九五九年)で有名だった秋山武太郎先生、新進気鋭だった数学の小野勝次先生、化学の玉虫文一先生、……、しかし、私がいちばん世話になったのは、物理の藤村信次先生であった。

「すばらしい先生だった」と戸田先生が言われるこの藤村先生には、ぼくも思い出があって、というのは、藤村信次著『熱力学』(岩波書店、一九二六年、一九二九年)が、ぼくの通った群馬県の高校にもあったからである。熱輻射のつまった空洞を圧縮してウィーンの変移則を導く話を記憶している。それを特に憶えているのは、朝永振一郎著『量子力学(1)』(東西出版社、一九四九年、後に、みすず書房)の始めに別の導き方があって関心をもっていたからである。

戸田先生に戻ろう。先生は、秋山先生が定規もコンパスも使わずに黒板に九点円を見事に描いた、びっくりしたと書いて、こう言われる。(4)

高校におけるユークリッド幾何学の授業は、物事を考える頭の訓練という点で大切なものだったと思う。……現在の高校においてはいろいろのことを教えるが、ゆっくりと幾何学を勉強する時間がないらしい。……将来の日本に独創性の欠陥を招来するおそれが多分にある。

また、学校の授業には、教えられることに対する驚きや感動がなければならないとして、こんな思い出も書いておられる。

高校一年の代数の授業の時だったと思うが、小野勝次先生が「代数方程式には根が存在する」ということを証明してみせてくれた。

先生の「高校一年」は——武蔵高校は七年制の高校だったから——今の中学一年である。だから「もちろんこれは当時の高校生レベルでは程度が高すぎる証明ではあったが、証明の仕方、筋道といったものは大分理解できたように思う」として、

一次方程式の解は実数で間に合うが、二次方程式では虚数を導入しなければならない。三次方程式になると実数、虚数のほかに何か新しい数の領域を導入しないと解が求められないような気もするが、実際には、……〔その必要がなく〕n次方程式ならn個の解をもつ。これは不思議に感じられるが、事実であることを先生は証明してみせたのである

と説明し、「これが感動せずにいられようか」と結んでおられる。不思議に思うこと、感動することは誰にもできることではない。しかし、学校が必要な環境を用意していたことも確かだろうと思う。先生の話には続きがあって

小野先生は、その頃は大学出たてであった。いじわるく考えれば、おそらく授業のための下調べをするひまがなかったのではないだろうか。そのまま教室に出てきて、前夜にでも勉強した定理をしゃべってしまったのであろう。

いまの予備校では定食コースからはずれるとブーイングがおこるとか。本当は、数学の見方、感じ方を体得する方が、その時間に先生が三つの問題を解くのを見るよりも入試に役立つかもしれないのに！

3　これから

本当は、大学だけでなく、学校だけでもなく、それらを取り巻く環境から直すことを総合的に考えるべきところまで来てしまったのだ。

よく聞く話に、アメリカの大学はよく教育をする、それに対して日本の大学は……というのがある。大学院についても最近、こんな話を読んだ。(5)

各学生の基礎知識の差を縮めて、あるレベルに引き上げ、さらに先端の科学を理解させるために最初の二年間ぐらいは授業が非常にきつい。授業の後のテストも小論文タイプの問題が多く与えられ……

かつて、K先生も同様のことを言われたので、これでは学問を伝えることはできない、と日頃の疑問を申し上げたところ「でも、アメリカはノーベル賞を多数とっているのだから」というお答えがきた。しかし、ノーベル賞と毎回テストが付く類の講義を一緒にしてはいけないのではないだろうか？　それにアメリカというなら、中学、高校、教育の地方分権、科学雑誌まで全部みてほしい。

今日の社会は多数の科学労働者を必要としている。突出した業績は、そのピラミッドの上に生まれるのだろう。よく「アメリカの教育は」と言うが、アメリカの学校にもいろいろある。普通アメリカ型として喧伝される教育は多数の効果的育成には向いているだろう。しかし、それがアメリカの教育のすべてではないし、すべてであってはいけないのではないか。大学の大衆化、と皆が口をそろえるが、平均値で個々の大学の行く手を律するのは無理である。揺らぎにこそ注目しなければならない。

旧制の高校のように、感受性に富んだ年齢のとき、感動し疑問をふくらませる、ゆったりした時間をもたせることは、その後の人生を学問的にも豊かにすると思う。旧制の高校では、この時期に全寮制にして理科と文科の生徒を同室に入れるといったように両者の接触もはかられたらしい。その効果も大きかっただろう。そういう学校も欲しい。でも、大学で始めたのでは手遅れだ。中学、高校も大事にしなければならない。このへんに、わが学習院などの一貫教育の出番がありそうだ。

ピラミッドの頂点というと、いま進行している大学の大学院化が連想される。大学院大学が研究を主とするのは結構だが、本格的な科学の教育は大学院からというのでは、これも手遅れだ。それに、大学院大学だけで日本の研究活動に充分なのだろうか？　ピラミッドは頂点だけでは高くならない。戦後、各地にできた新制大学にようやく特色ある研究が根付いてきたことでもある。それを見殺しにすることがあってはならない。

大学院に優秀な教師と優秀な学生を集めるのも結構だが、あまりたくさん集めるのも問題だ。いま起こっている大学院の改革をよく知らないので、深入りしないが、量子力学の形成史は教訓的だと思っている。ゲッチンゲンで行列力学が生まれ、パリで生まれた物質波がチューリッヒに飛び火して波動力学になった。その産みの親たちが一カ所にいたら、どうだったか？　アハロノフは「自分は独りになって物理学の基礎を考え続けたいから地方大学を選んだ」と言っていた。

大学の教師にルーチンでない研究を期待するなら、日本では時間を与えるのが最も大切だ。国の号令一下すべての大学で一斉に改革論議をするようなことは、実験ならしないだろう。

大学は自己評価をすべきだといわれはじめた。それをしないと、お上の受けが悪くなるなどと見てきたようにいう人もある。本当だろうか？　自己評価などしなくても、誰が見ても立派だというのが理想ではないのか？

評価をするには視点が必要だ。学生に教授を評価させることを推奨する向きもあって、アメリカではそうしているという。たとえば、ＭＩＴにおける授業評価の視点は次のようだとか。[6]

(1) きちんと準備がしてあったか？

(2) クリアーに説明したか？

(3) 黒板の書き方は上手だったか？

(4) 教授は必要なときに相手になってくれたか？

(5) 友好的に援助してくれたか？

(6) 総合点。

たいへん、もっともらしい。でも、小学校じゃあるまいし、という気がする。ぼくが学生だったら、そして講義に点をつけろといわれたら、何か新しい観点を提示したか、その観点に講義のあと何日にわたって頭を悩ますことになったか、を見よう。もちろん、それが長いほど高い点をつけるのだ。

かつてイリノイ大学にいたとき、お互いの講義を観察して批評しあい、サーヴィスをよくしようという運動があった。そのときの結論の一つが印象に残っている。いわく、低学年の講義は準備しない方がよい。何故なら、準備して行くと講義に緊張感がなくなってしまうから！　なるほど、一理ある、と思った。講演でも、考え考え話してくれた方が、聴いている者によくわかる。教授が、つっかえたら？　学生も一緒に考える。これが学問する仲間のすることだ。

小学校のとき、黒板に素手で完璧な円を描き、見事な直線を引く先生がいて、感心した。いまにして思えば、昔の師範学校では、それを大切なこととして訓練したのではないか？　黒板に字を折り目正しく書くことも大切にしたのだろう。これは、よいことだった。しかし、大学では、学生にそんなことに感心していて欲しくないし、まして黒板を丸写しなどして欲しくない。講義の内容は立体的・有機的になるので、黒板の平面上に順を追ってなど並べ得ないことの方が多いのである。黒板は批判的に見る、話は批判的に聴く、そして筋を構築してゆくのは学生の仕事である。

いや、多くのアメリカ人の書く字を見ると、きれいに書くことを大学で教えたい気持もわかる。でも、日本では、それは小学校で教えましょう。アメリカがやむを得ずやっていることを、ありがたがって真似することはない。

注

（1）小谷正雄「教育の画一を排す」『自然』一九四九年十二月号。
（2）永田雅宜「数学教育のあり方について」『学術月報』四六巻一一号、一九九三年。
（3）戸田盛和「私と物理学」『高校通信・東書（物理）』二六三号、東京書籍、一九八八年。
（4）戸田盛和「非線形の世界(3)　なぜ物理学を志したか」『固体物理』一八巻一〇号、一九八三年、五九九ページ。
（5）山伏茂子「娘の教科書」『科学朝日』一九九四年一月号。
（6）田中豊一「採点される教授の授業」『科学朝日』一九九四年二月号。

教育論の七つの誤り

ある日曜日、テレヴィで中学生たちと先生が授業について討論していた。[1]「どうして因数分解など勉強する必要があるんですか？　卒業したら使わないのに！」　女生徒が思いつめたような顔で迫る。答える先生は心なしか自信なさそうに見えた。[2]

もし、ぼくが答える立場にいたら「たしかに、卒業したあと因数分解を使わない人は多いと思う。でも、頭は使うでしょう」と言おう。「因数分解は頭を強くするために練習するのです」。「大切な考え方の一つを練習する材料なんです」。あの生徒さんは真剣だった。これだけでは納得しないかもしれない。こういうことだ。「x^2+5x+6を因数分解するには、一対の数で「加えると5」になり、「掛けると6」になるものを見つけなければならない。このように二つのことに目配りして両方に具合のよい答えを見つけるという問題には、社会に出ても、たくさん出会うだろう。

この生徒さんは因数分解に疑問をいだいた。そこには大人の教育論が影を落としていないとはいえない。「二次方程式は教えなくてよい。曽野綾子は学校をでてから六五歳になるまで一度も使ったことがない」と教育課程審議会会長・三浦朱門氏が発言した。[3]夫人の例を示して説得的だ。さすが教育の会長！　しかし、現に二次方程式の勉強を課されている生徒の耳にも入り得る形で、このような発言をしたのは、目配りに欠けてはいなかったか。

入学試験性悪説、また同じ。教育は重要な問題である。だからといって、当事者たる生徒さんたちの前で開けっぴろげの罵声をあげていいものか、どうか？

また、こういう問題もある。教育を論ずる人々は、「日本の教育」はこうあるべきだ、という。ほとんど例外なく国全体の教育を論ずる。中央集権の国で、まずもって制度を変えさせないと動きがとれないからかもしれないが、もっと地方分権の立場から自己主張をしてもよいのではないか。二次方程式は不要と思うなら、仲間と語らって二次方程式ぬきの学校をつくって子どもを入れたらどうか。三浦氏のような立場の方には、このことをこそ首唱していただきたかった。必要なら、二次方程式なしの入試をする大学もつくる。戦前には自らの主張を押し出してユニークな学校をつくった例がある。(4)

政府は教育の仕方をコロコロ変える。力づくで全国一斉に変えようとする。それで生徒たちの考えも変わる。これは大規模生体実験ともいえるのではなかろうか？　こんな残酷を許す政治倫理とは何か？

1　将来つかわないものは……

将来つかわないのものは教わりたくない、という考えがある。学校をでてから役に立つことを教えてください。これは一理ある願いに見えるが、まちがっている。ビーフを食べるのは牛になるためではない。

ゆきとどく心配り

よく人は言う。小学校で、この漢字には「点がある」とか「ここは撥ねる」とかやかましく言うのはムダなことだ。そんなに厳格に書かなくても読めるではないか。

ビーフが食材であるように、漢字は教材なのだと、ぼくは思う。漢字の書き方をやかましく言うのは、漢字そのものを習得させるためでもあるが、漢字を材料につかって細部まで心配りをすることも教えていることになる。小学生に心配りと言ってもわかりにくい。漢字をおぼえましょう、きれいに書けるようになりましょう、ならわかりやすい。手首や指の訓練でもある。その証拠に、そうした訓練を受けていない近頃の大学生は、物理学科にきても数式がきれいに書けない。xとkが書き分けられない。計算が簡単なうちはよいが、複雑になると混乱する。

細かいところまで心配りをすること、手や指の筋肉がよくコーディネイトされていることは実験をする上でも不可欠である。ビジネスにおいても、そうであるにちがいない。そして、おそらく心配りの練習は人格の形成にも影響することだろう。

同じように因数分解も教材なら二次方程式も教材である。これらは数学のためだけに教えられているのではない。寺子屋では和算が、明治政府の決断[5]以後は洋算が、理系か文系かを問わず広く学ばれて役割を果たしてきた。教育には常に副作用の広がりがある。

論理的な積み上げや表現としては、数学は実生活の問題より単純だ。問題に対して答えが一つに

きまるのがよくない、という人もある。でも、だからこそ教材、練習台としてよいのだとも言える。(6)

動機づけ

ところで、ビーフは料理によっておいしくなる。子どもも喜んで食べる。漢字の書き方や因数分解はおいしく料理できるか？　しかし、甘くすれば子どもが喜ぶからといって、近頃のように砂糖ばかりたくさん入れるのはどんなものか？

学校は、いわば壺の中の小世界である。その中で価値づけ・動機づけを教師はいろいろ工夫してきた。今日の日本の教育論は、壺に世俗の尺度をもちこんで工夫の蓄積を破壊している。

ここに国元東九郎『算数の先生』(国土社、一九六四年)という本がある。もとは昭和三年(一九二八)に「小学生全集」の一冊として出たものである(原題は『算術の話』)。歴史や物語を交えた巧みな動機づけで算数をおいしく料理している。動機づけは砂糖漬けにしなくても可能なのだ。こんな例をあげると、現場の先生からは「とてもそんな教え方をする時間はない」といわれるだろう。確かに昔の学校には、たくさんの時間とユトリがあった。それが、いま何故なくなったのか？

この本は「勘違いしやすい問題を集め、失敗を重ねつつ遂には成功の域にたどりつく道順」を説明している。著者は学校の外での学習に誘っている。教師による動機づけも大切だが、それに劣らず学校の外での動機づけが大切だと思う。この国に小学校から大学初年までの階層をなすよい科学雑誌がないのは致命的である。このことは、たびたび言っているが、後に再び触れる。

いくつかのよい本や雑誌があったとしても、それだけでは子どもたちの意識は変わるまい。社会全体が、数理を広い目でみて、数理で鍛えた頭を思いもかけず使っていることに気づく必要がある。そうでないと、早晩その頭が日本の社会から消えてしまうだろう。それは空気がなくなるくらい恐ろしい。

2　学習指導要領

わが国の教育は幼稚園では『教育要領』、小学校から高等学校までは文部省の『学習指導要領』なるものに文字どおりしばられている。例として手元にある『高等学校学習指導要領（一九八九年版）』（文部省）をみると、しばりの根拠[7]は、「学校教育法施行規則」にあるようで、冒頭にその「抄」が掲げられている。

第五十七条　高等学校の教育課程は別表第三に定める各教科に属する科目及び特別活動によって編成するものとする。

第五十七条の2　高等学校の教育課程については、この章〔第四章 高等学校〕に定めるもののほか、教育課程の基準として文部大臣が別に公示する高等学校学習指導要領によるものとする。

第五十七条の3　高等学校の教育課程に関し、その改善に資する研究を行なうため特に必要があり、かつ、生徒の教育上適切な配慮がなされていると文部大臣が認める場合においては、文部大臣が別に定めるところにより、前二条の規定によらないことができる。（傍点は筆者）

ここも表現は「……ものとする」だ。最後の第3項がいう例外規定は歓迎である。しかし、いうところの「別に定めるところ」がどこなのか、残念ながら示されていない。学術論文なら落第ものである。

『学習指導要領』は、ほぼ一〇年毎に改訂される。[8] 小・中学校のものが一九九八年十二月十四日に告示された。二〇〇二年から実施される。高等学校については一九九九年に告示、二〇〇三年度から実施される。これが、いま進行中の教育改革の一つの柱である。『学習指導要領』は密室でつくられる。その内部からの得難い報告がある。数学の部分だけだが、ぜひ読んで欲しい。[9]

法的拘束力

こんどの教育課程は「初等中等教育では《『ユトリ』の中で『生きる力』を育くむ》ことを基本のねらいとし、完全週五日制を前提に」組まれた。「教育内容を厳選して基礎・基本の確実な定着を図り、個性を生かす教育を充実するとともに、各学校の創意工夫をこらした特色ある学校づくりによって、豊かな人間性や自ら学び自ら考える力の育成をより一層進める」こととしている。[10]

『学習指導要領』は初め一九四七年三月に『要領（試案）』として刊行され、

一つの動かすことのできない道をきわめて、それを示そうとする目的でつくられたものではなく、教育課程をどんなふうに生かして行くかを教師自身が自分で研究して行く手引きとして

書かれた

ものであった。試案の一つとして提示されたのである。法的な拘束力など考えられていなかった。法的拘束力が文部省によって主張されるようになったのは、一九五二年の文部省設置法改正のときからだ。「学校教育法施行規則」に上記の第五十七条の2が加わり、『指導要領』から「試案」の二字が消えた。(11)

一九五六年に公選制から任命制に変えられた教育委員会その他の管理機構については詳らかにしないが、次の事実は示唆的である。国立教育研究所が実施した市町村教育委員会の教育長意識調査(12)には「教育委員会の学校管理権を全般的に縮減し、各学校の自立性と自己責任、当事者能力が強化されるべきだ」に○×で答える項目があり、学校管理権というものの存在がわかる。それに×と答えた教育長が五二・○%いた。「各学校の自主的取り組みを尊重し、教委は原則として指導助言を差し控えた方がよい」の×は七三・五%だった。

最近、現場の教師に対する締め付けが強くなっているという声が新聞にも現われはじめた。(13)また、中学校の「教科書の選定を教育委員会の判断に」という請願が十五県議会で採択されたという。(14)教科書の選定権は、現行法では教育委員会にあるが、実際には教育委員会にはかる前に教員ら調査員が教科書を絞り込み、あるいは学校の希望だけで選定がなされていたのを「止めよ」というのである。以前には、教科書は使う当事者である教師が直接に選んだ。

教育基本法を改めようという声も政治家や森喜朗氏が首相だったときの私的諮問機関「教育改革

国民会議」から聞こえるようになった。[15]また、町田信孝氏が文部大臣だったとき、『朝日新聞』のインタヴュー[16]で「指導要領が最低基準だと説明を変えたのか」という問いに対して、こう答えた。

内容を厳選した結果、指導要領は最低基準だという性格が明確になった。先に進む子は進み、理解に時間のかかる子は何度も基礎をやる。

文部大臣がこう言っても、新しい指導要領に対応するため、いま編纂が進められている教科書は、指導要領の枠内にするよう厳しく指導されている。

二十年前にもユトリ

教育論には、文部省作にせよ民間の弁にせよ、歴史の視点が欠けている。過去の失敗を正し経験に学ぶという姿勢は、少なくとも外野からは見えない（実際にない[9]）。

「ゆとり」論も新発明のようにいわれているが、実は一九七七年の『学習指導要領』が、すでに「人間性豊かな子どもを育てるユトリある学校」を謳っていた。

授業時間数一割減、内容は二割減。

それを新聞[17]は「減速教育宣言」と見て「次々と〝落ちこぼれ〟をつくり出してきたスピード〝新

幹線教育〟にブレーキをかける」ものとしている。授業時間数でいうと、週あたり四単位時間の減。この四時間は「復習なりクラブ活動なりに自由に当ててほしい、そっくり土曜日にまわしてノー・カバン・デーとし学校内で跳びはねてもよい」と、この年からの教育課程審議会会長・高村象平氏[18]は述べている。必ずしも生徒を解放しようとしたのではないようだ。

ブレーキをかければ教科内容がこぼれる。新聞[17]によれば、世界の地理・歴史の大幅な削減、中学の音楽教材から外国の民謡・歌曲を削除、……がおこった。

このとき「〈君が代〉を公的文書のトップを切って『国歌』にした」と新聞にある。道徳教育も強化された。社会科は公民と地理・歴史に改編された。高校に「理科Ⅰ」が導入されたのも、このときだ。教科書の初版が一九八一年に出ている。「理科Ⅰ」では理科を総合的に学習することが大切だといって、物理・化学・生物・地学の総合と称し一人の教師が教えることを強制して混乱を招いた。その実施に先立って物理学会で行なわれた説明会で、例を示すといって壇上に立った教授が総合とは程遠いプランしか提示できなかったことを思い出す。

このとき教科書の執筆者の世代交代がおこり、時代の反映か教科書はきらびやかになった。編集者から「説明は短くてよい、公式があればよい、そういう教科書が売れるんです、現場の要求です」と聞かされた。

授業時間の一層の削減

一九九八年末の指導要領改訂では完全学校週五日制が打ち出された。もとはと言えば、一九八七年に三年間の時限つきで設置された臨時教育審議会が言い出したことで、審議会の主要メンバー（第一部会長代理）であった故香山健一氏の言葉を借りれば、こうであった。

土曜、日曜は自由にそれぞれの児童・生徒がやりたいことをやればよいようにする。進学のための勉強もよし、スポーツに熱中するもよし、科学研究、発明・発見、創作、書道、音楽、美術、演劇等の文化活動に没頭するのもよいし、自然学校に行ったり、福祉ボランティア活動に従事するのもよい。また、それ以外の月曜から金曜までも小学校低学年は午前中だけの学校とし、午後は自由選択の様々な活動ができるようにしてやったらよいであろう。[19]

このとき既に街から模型屋さんが消えていた。科学雑誌『自然』は一九八四年に休刊していた。一九九五年の中央教育審議会では、有馬朗人会長が「五日制の是非も含めて議論する」と述べたが、[20]五日制は試行に進み、やがて実施がきまった。これで、小・中学校では週当たり二単位時間の減となる。土曜日がなくなって、なぜ二単位時間の減ですむかというと、六単位時間の日が週に二日できるからだ。残りの三日は五時間授業。これがユトリの内実である。新聞への投書によると「昼食の時間が十五分になった」とか。[21]これは特別の例なのだろうか？

教科に配分される時間も減る。中学校の場合で新旧の比較をしてみよう（表1）。長期にわたる変化を見ると愚民政策が明瞭である（図1）。

外国語は、現行では〝選択科目〟になっており、各学年において週三〜四時間までを標準とする

表1　授業時間数の比較（中学校第１学年の場合）

	現　行 週あたり（時間）		新 週あたり（時間）
教科　国語	5		3.0
社会	4		3.0
数学	3		3.0
理科	3		3.0
音楽	2		1.0
美術	2		1.0
技術・家庭	2		2.0
保健体育	3		2.6
外国語	—		3.0
道徳	1		1.0
特別活動	1〜2		1.0
選択等	3〜4		1.4〜2.4
		総合的な学習の時間	2〜3
合計	30		28

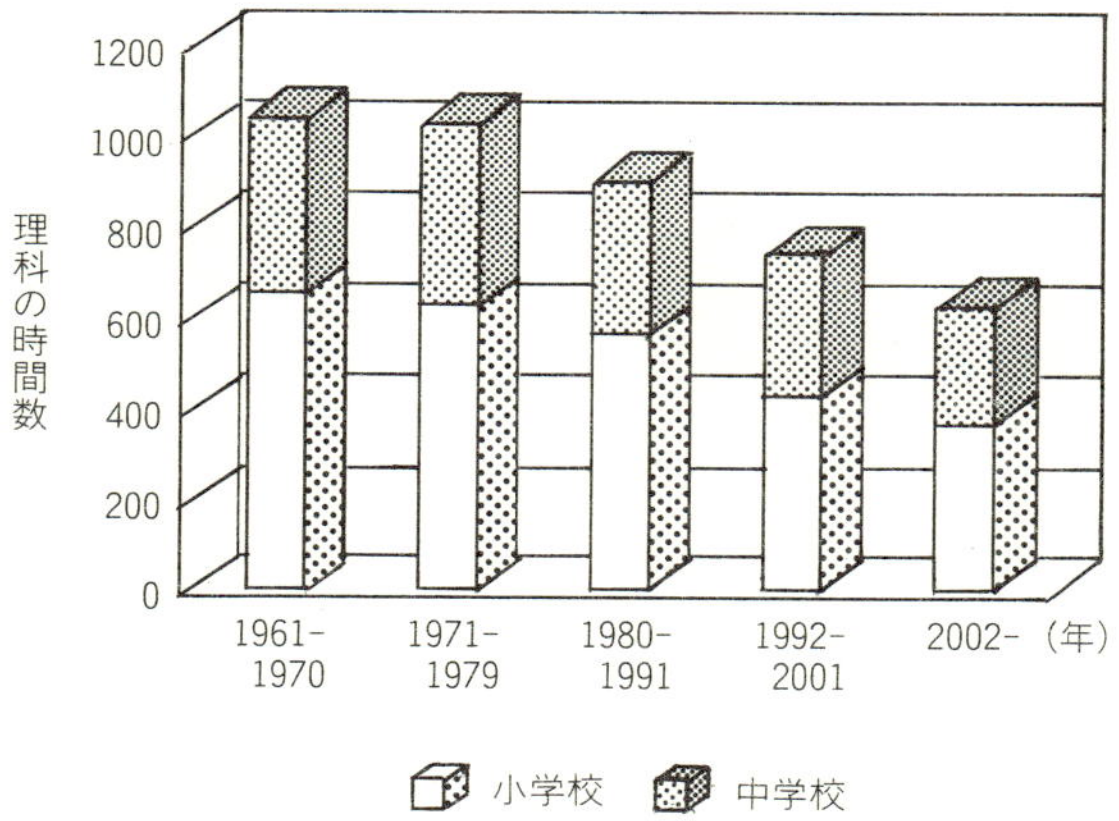

図１　小／中学校理科の全学年にわたる必修総時間数（笠耐氏作製）

定めになっている。一時期、英語は週三時間とされ、[22]従わない私立中学校が教育委員会から強い指導を受けた例を耳にしたことがある。新しい指導要領では、週五時間まで教えてよいことになった。これがニュースになる国である。[23]そして、今日、文部省は英語教育を小学校から始めるといいだした。[24]小・中・高で教養教育（社会規範、倫理）も始めるそうだ。[25]総合科目には、いくらでも押し込めるらしい。

ある私立中学では、現在、一年生に週あたり数学四時間、理科六時間、英語七時間の授業をしていると聞いた。新指導要領の指示は各三時間である。一九九八年十月二十九日の新聞は、私立中学の五七・九％が週五日制の試行に同調していないと報じた。[26]文部省は東京の開成、武蔵、麻布の三中学を呼んで協力をもとめた。[27]例外があると受験競争をあおることになる、というのかもしれないが、もしそうだったら、週五日、授業時間削減という政策に反する願いをもつ人々も多いということだろう。法令上は私立が国公立にならう必要はなく「文部省や、まして中教審が注文をつけるのは行き過ぎ」という投書があった。[28]

薄い雑炊

数学者・藤原正彦さんが、お子さんの小学校の時間割りを見て憂えている。[29]「国語の時間が図書、書写を含めて六時間しかない。戦前に十二時間、大正時代には十四時間あったものである」。いまでも少ない主要科目の授業時間が教育課程審議会の答申による改革で一層減るのだ。総合科目の新設が一因だが「大切だからカリキュラムに取り入れるというのは犯しやすい過ちと思う」として、

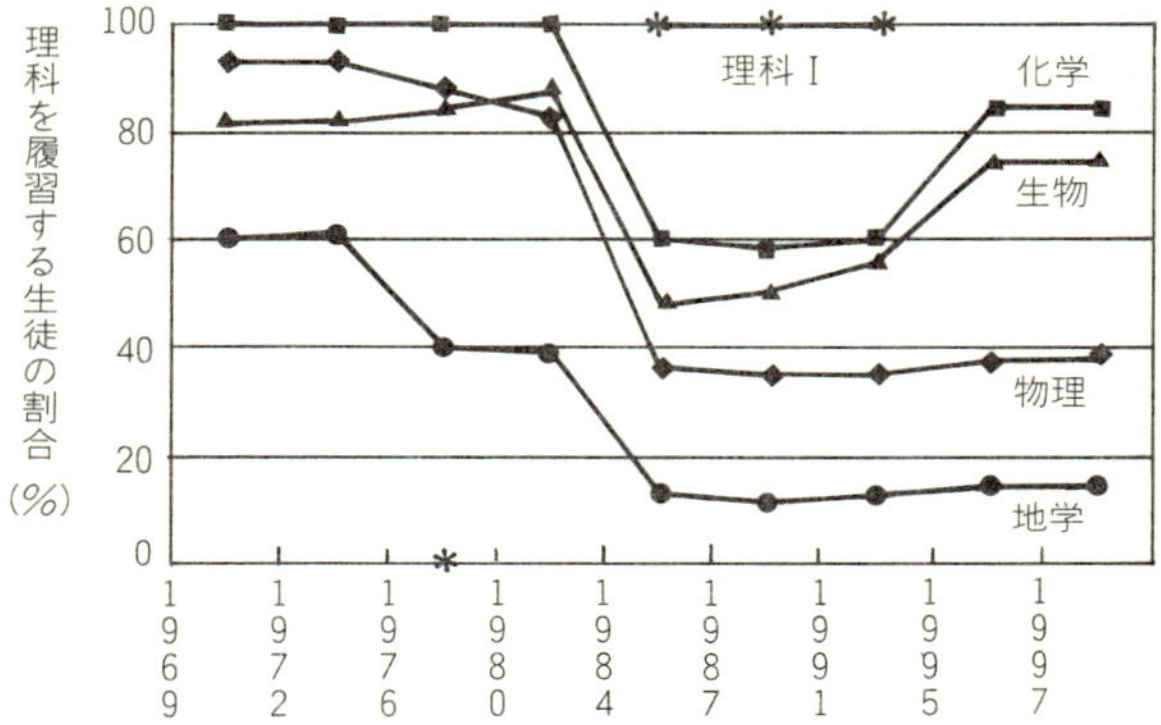

図 2　日本の高校における理科の履修率（教科書の販売数から笠耐氏作製）
1984年前後における暴落は1982年実施の『学習指導要領』が必修を「理科Ⅰ，Ⅱ」のみでよくしたことの顕われであろう。その前の1973年版では「基礎理科および物・化・生・地のⅠのうち2科目」を必修としていた。

藤原さんは「アメリカの高校が自動車の運転やタイピングに単位を与え、小学校で株式投資を教えている」愚を指摘している。「今回の改革案は教育のアメリカ化だ」といい、このまま進めば日本の「公教育は音をたてて崩れ去る」と心配している。

好んでアメリカの轍を踏むことはない。

アメリカでも基本教科に帰れという声が高くなっているのだ。[30] 十七歳人口の五分の一しか説得力のある文章が書けない、企業でも軍隊でも読み書き算数の再教育なしでは使いものにならない、高校のカリキュラムはデンマークのスモーガスボード・サンドイッチのようで選べる種類が多すぎる、高校卒業生のとった単位の二五%を保健、体育、校外職業体験、数学補習、成人・結婚教育が占めている、才能ある子どもたちの半分以上が学校で振るわない、若者の生まれつきの才能が伸ばしてくれと cry out としている！　大学をめざす高校生は英・数・社・理を四年間通して学ぶよう施策を改めよ。そのアメリカにも、日本のどの高校もおよばない高度のクラスをもっている高校もある。一口に「アメリカの教育」と言い切る議論は粗雑だ。信用できない。

3　教材の精選

授業時間の削減も教材精選[31]も度をこせばユトリを失なわせる。ユトリは、ものごとがよくわかって自分が主人になったときに生まれるのだと、ぼくは思う。いま言われている教材の精選は、物理にせよ数学にせよ脈絡がなくなるくらい切り捨てて飛び石にする、あちこちに立ち入り禁止の制札を立てる。例えば、現行の『高校指導要領』の「物理」は命令している。

レンズの公式は扱わないこと。音の伝わる速さについて、気温などとの関係には触れないこと。回路については、直列、並列とも二つの抵抗のつなぎ方を扱う程度とすること。合成抵抗の式は扱わないこと。レンツの法則、フレミングの法則は取り上げないこと。イオンについては、原子の構造には触れないこと。浮力のアルキメデスの原理には触れないこと。斜面に沿った運動も扱い、実験を通して規則性を定性的に。

これで物の理を考えさせる授業が成り立つか？　一九六一年と二〇〇二年実施の中学校『指導要

1961年実施	2002年実施
エ　動力の伝達	
オ　材料の強さ	
(ア)　物の変形	
(イ)　じょうぶな組み合わせ	
(4)　電流の強さと電圧・抵抗との関係	(3)　電　流　**第 2 学年**
電流の熱作用や化学作用　**第 2 学年**	
ア　電流と電気	ア　電　流
(ア)　摩擦電気	(ア)　静電気と電流
(イ)　電流・電圧・抵抗	(イ)　電流回路
イ　電流の熱作用	(ウ)　電流・電圧と抵抗
(ア)　電流による発熱	
(イ)　電　力	
ウ　電流の化学作用	
(ア)　電解質	
(イ)　電気分解	
(ウ)　電　流	
(3)　電流と磁界の関係および交流と直流	
の性質の違い　**第 3 学年**	
ア　磁石と電流	イ　電流の利用
(ア)　磁石の性質	(ア)　電流と磁界
(イ)　電磁石とその応用	(イ)　磁界中の電流が受ける力
イ　交　流	(ウ)　電流と熱・光
(ア)　電磁誘導	
(イ)　交　流	
(4)　落下の速さの変化，力と運動の関係，	(5)　運動の規則性
エネルギー概念	
ア　落下運動	
(ア)　物体の速さ	(ア)　運動の速さと向き
(イ)　落下の様子	(イ)　等速直線運動と落下運動
イ　力と運動	
(ア)　重　力	
(イ)　運動の法則	
(ウ)　振子の運動	
(エ)　向心力	
(オ)　流れから受ける力	
ウ　エネルギー	
(ア)　熱機関，エネルギー	
(5)　電波が受信できること	
原子の構造　**第 3 学年**	
ア　電子と真空管	
(ア)　二極管と電子	
(イ)　三極管のはたらき	
イ　電波とラジオ	
(ア)　電　波	
(イ)　ラジオ	
ウ　原子の構造	
(ア)　真空放電	
(イ)　原子の構造	

表 2　中学校『学習指導要領』の比較

1961年実施	2002年実施
(2)　光の直進・反射・屈折	(1)　身近な物理現象　**第 1 学年**
光の色・物質の色　**第 3 学年**	
ア　光の進み方	ア　光と音
(ア)　光線と影	
(イ)　光源と明るさ	
イ　光の反射	
(ア)　反射のしかた	(ア)　光の反射・屈折
(イ)　球面鏡	
ウ　光の屈折	
(ア)　屈折のしかた	
(イ)　レンズ	(イ)　レンズの働き
エ　色	
(ア)　スペクトル	
(イ)　物体の色	
(3)　音が波であること	
音の波としての性質　**第 2 学年**	
ア　音波とその伝わり方	
イ　音の性質	
(ア)　音の高さ・強さ・音色	(ウ)　音の性質
(イ)　音の共鳴とうなり	
(1)　水と空気を中心とした固体・液体・気体の基本的な性質	
ア　水の重さと圧力	イ　力と圧力
(ア)　重さと力	(ア)　力の性質
(イ)　圧　力	(イ)　圧　力
(ウ)　水の圧力	
(エ)　水による浮力	
(オ)　比　重	
イ　水の表面	
(ア)　水平面	(2)　身の回りの物質
(イ)　表面張力	
(ウ)　毛管現象	ア　物質のすがた
ウ　空気の重さと圧力	
(ア)　空気の重さ	(ア)　密度，電気抵抗
(イ)　大気の圧力	
(ウ)　空気の圧力と体積	(イ)　相変化，質量保存
(エ)　空気による浮力	
(2)　力と仕事についての基本的な性質　**第 2 学年**	(ウ)　気体の性質
ア　力のつりあい	
(ア)　力	
(イ)　１点にはたらく力のつりあい	
(ウ)　斜面と摩擦	
イ　力のモーメント	
(ア)　テコと滑車	
(イ)　物体の安定	
ウ　仕　事	

領』について物理の内容を比較した表がある[32]（表2）。

この表だけではわかりにくかろう。こんどの「中学校指導要領」は、物理関係でいうと

比熱、電力量、力の合成と分解、仕事などを高等学校に移す

としている。化学の方面では

溶質による水溶液の違い、比熱、イオン、中和反応の量的関係などを高等学校に移す

と言っている。これらの概念に触れた教科書は検定を通らないことになる。

教科書に書いてなくても教室で話してよいなら、目くじら立てることはない。「いや、どうも最近、管理が厳しくなって……」という声を耳にすると[13]、必修の「技術・家庭」が要求する「エネルギー変換を利用した模型の設計製作」を、仕事の概念なしでどうこなすのか心配になる。エネルギーの量は仕事に直して測るのだから、仕事の概念なしでは定量的な考察はできないではないか！力学にしても、運動の微分方程式が使えない段階では仕事とエネルギーこそ運動を考える上の不可欠の武器なのに。

日本化学会は一九九八年八月十一日に「広報記者会見」をして「教科内容の削減」と「高等学校理科の選択幅拡大」に危惧を表明した[33]。そして文部大臣に「教育課程審議会の審議のまとめに関連

する日本化学会の見解と要望」を会長と化学教育協議会議長の名で一九九九年の九月二日に提出した。いわく

教育課程審議会が削除とした諸概念の多くは、我々の日常生活を安全に、経済的に、かつ快適に過すために最低限必要なものである。だから、教育の現場以外ではそういう言葉は生徒の身の周りに日常的にとびかっている。

そこへ、「その言葉を口にするのは御法度である」という御触れが出た場合どのような混乱が生ずるか！

高校での選択の幅が広がっているので「このように重要な概念を学習せずに社会へ出て行く者の割合は無視できないことになる」ばかりか

骨抜きにされた中学校の理科は知識を断片的に暗記させる科目になってしまうと我々は危惧する。

数学会や物理学会も、たびたび「授業期間の削減」や「指導要領」の問題を指摘している。日本学術会議の物理学研究委員会も二〇〇〇年六月に「物理教育・理科教育の現状と提言」をまとめ、文部省にも提出した。

一昨年（一九九八年）の七月、『朝日新聞』に大見出しが踊った。「指導要領は最低線[34]」。これが大ニュースになる国なのだ。文部省のある人の説だが、よく読むと、中身は指導要領の「……は教えない」という制札を越えるには総合学習の時間を使えばよい、ということだった[35]。正規の時間には制札の中で筋のとおらない授業をしても、総合の時間に改めて補いをつけることができるはずだという。生徒の迷惑が目に見える。

その後、文部大臣が「教育の内容を厳選した結果、指導要領は最低基準だという性格が明確になった」と宣言した[16]。しかし、どこまでが最低基準なのか、授業時間数は？　教科書は？

指導要領のことを考えるたびに、ぼくは、アメリカでPSSC物理が構想された頃、「教育の分野に於ける国の責務」研究委員会が出した次の宣言[36]を思い出す。

　アメリカの教育体系の価値は多様性とある程度までの一様性の複合にある。今日、国家基準設定への圧力は目に見えて明らかである。しかし、プルーラリズムの伝統は民主主義社会においては本質的に重要なものである。真理の泉は一つでない（multiple sources of truth）という信念を伝えてゆくことは、すぐれて教育の責務である。国家基準の設定は、プルーラリズムの前提を変更するのでなく、これと並行した形で行なわなければならない。

つめこみ緩和？

教材〝精選〟は、日本の教育の「暗記」「つめこみ」体質への批判に応えるものだといわれる。

「指導要領」もそう言っているが、実際は論理・推論を不可能にするところまで教材を減らし、暗記するほかなくしている。前記の化学会の危惧は物理にも数学にもあてはまる。

世上、「暗記」には誤解がある。暗記が納得を背景に「おぼえる」ことを含むなら、それはときに必要である。立花隆氏は暗記不要を唱え入学試験を資料持ち込み可にすることを提唱し[37]、「英語の試験なら辞書の持ち込みを許すのがよい」という。そうしたら受験生は、知らない単語に出会ったとき辞書を引き最適な一つの訳語を選ぶだろう。このような辞書の使い方は間違っている。釈迦に説法だが、英単語と和単語は——コンテクストを考慮に入れても——一対一に対応するものではなく、一つの英単語の意味は多数の訳語の総体ではじめて言い表わされる。たとえば、noseは辞書には「鼻」ともあり「飛行機の機首」、……ともある。これらの全体（突出したもの）をnoseは意味している。noseを「鼻」とおぼえ、次の機会には「機首」とおぼえ、……反芻をくりかえす過程で脳で合成作用がおこってnose概念が形成される。これが学習というものだ。数学や物理や化学の概念でも同様である。立花氏は必要に応じて資料を検索し文章に綴るという御自身の経験に立って「資料持ち込み試験」を提案したのだろう。しかし、その方式は万能ではない。立花説は俗耳に入りやすいが、学習の姿を誤解させるおそれがある。言葉の意味の考え方を例にして、ということになるが、大野 晋先生の『日本語練習帳』（岩波新書、一九九九年）は示唆に富んでいる。

学生を見ていると、暗記には問題の答えの無理解・まる暗記もある。これは排すべきだが、世の中の教育批判は多く暗記をまるまる排斥している。若い学生を誤らせるものである。もちろん、練習のくりかえしのなかで自然におぼえるのがいちばんよい。ところが、入試批判や文部省の唱道した「新しい学力観」は練習も不要（ないしは悪）という印象を与えかねない。理解さえできていれば問題は解けなくても、という発言をときどき聞く。そんな理解があるものか！

4　壷の中の選択

個性重視とゆとり教育の掛け声のもと選択制が推進されている。高等学校の理科でいえば表3のとおりで、一九九四年から理科は四単位とればよくなった。二〇〇三年から実施される指導要領でもこの点は変わらない。

物理履修率

高校生のうち物理をとる生徒数の割合は、一学年の生徒数を全生徒数の三分の一と考えれば

$$(物理履修率)=\frac{(物理教科書の需要数)}{(全高校生数)/3}$$

と推定される。

これは、一九八二年に理科の必修が「理科Ｉを含み六単位」とされたとき激減した（図3）。理科Ｉは四単位だから、これを含んで六単位をとるためには理科IIの二単位をとるのが最も「経済的で」あって、物理や化学、生物、地学など四単位の科目をとるのは不経済である。こうした算術が物理履修者の激減の背後にあったのではなかろうか？

指導要領の実施期間			1948～1955	1956～1962	1963～1972	1973～1981	1982～1993	1994～2002	2003～
理科必修最低	履修の仕方についての指導	科目	1科目以上	2科目以上	職業科は2科目6単位普通科は4科目12単位以上	基礎理科またはIの中から2科目	理科Iを含み	2科目以上	＊印科目のうち1つ以上を含む2科目
		単位数	5単位以上	6単位以上		6単位以上	6単位以上	4単位以上	4単位以上
理科選択科目	科目名と単位数 ( )内の数字は単位数	理科総合				基礎理科(6)	理科I(4) 理科II(2)	総合理科(4)	基礎理科(2)＊ 理科総合A(2)＊ 理科総合B(2)＊
		物理	物理(5)	物理(3) 物理(5)	物理A(3) 物理B(5)	物理I(3) 物理II(3)	物理(4)	物理IA(2) 物理IB(4) 物理II(2)	物理I(3) 物理II(3)
		化学	化学(5)	化学(3) 化学(5)	化学A(3) 化学B(4)	化学I(3) 化学II(3)	化学(4)	化学IA(2) 化学IB(4) 化学II(2)	化学I(3) 化学II(3)
		生物	生物(5)	生物(3) 生物(5)	生物(4)	生物I(3) 生物II(3)	生物(4)	生物IA(2) 生物IB(4) 生物II(2)	生物I(3) 生物II(3)
		地学	地学(5)	地学(3) 地学(5)	地学(2)	地学I(3) 地学II(3)	地学(4)	地学IA(2) 地学IB(4) 地学II(2)	地学I(3) 地学II(3)
(参考)高校進学率(%)			42.5 (1950)	51.3 (1956)	70.7 (1965)	91.9 (1975)	93.8 (1985)	97 (1995)	

表3　高校理科教育課程の変遷[38)]

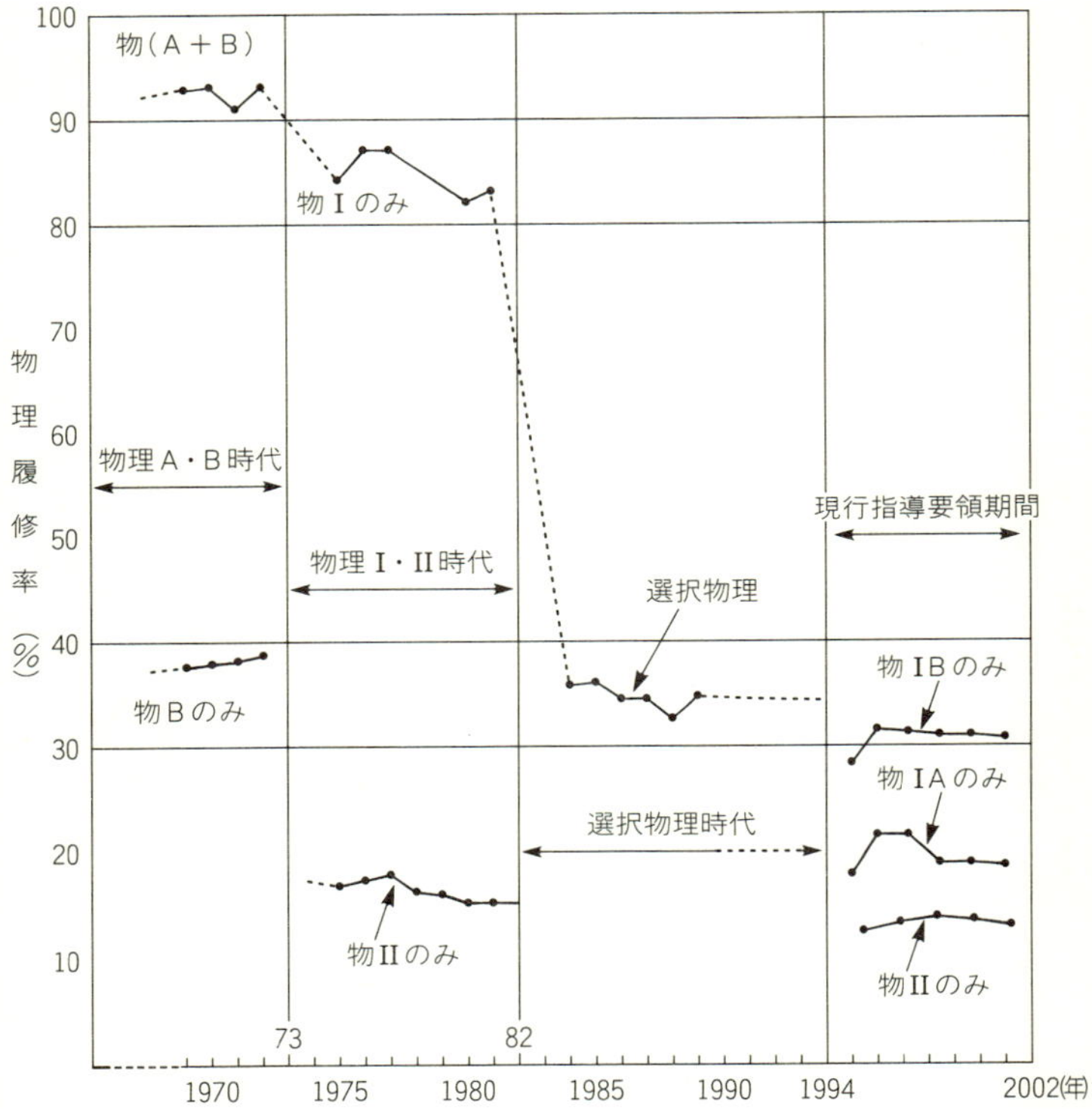

図 3　物理履修率の変遷（1969年以降）(38)

物理の履修率は、一九九四年に必修が「二科目以上、六単位」と変わって、やや回復したように見える。物理IAとIBの履修者を加えると五〇パーセントを越えている。ただし、物理IA（二単位）の内容の希薄さを考えると決して喜べない。一九九四年実施の指導要領改訂以前には履修率こそ三五パーセントのあたりを低迷していたが、これだけの数の生徒が物理四単位をとっていたのだ。一九九四年からは四単位の物理IBをとる生徒の割合は明らかに減っている。

年度	物理	化学	生物	地学
1970	93.8%	100.0%	82.9%	61.6%
1975	82.0	100.0	81.2	40.2
1980	77.2	95.0	80.7	35.1
1985	33.6	55.6	46.3	11.5
1990	34.3	59.5	54.0	11.2
1994旧	14.2	22.3	19.4	4.0
1994新	13.3	55.8	43.5	7.4

表4　高校理科の履修率の変化

その物理IB履修者がともかくも三〇パーセントを越えているのに、物理IIまで進む者が一〇パーセント強まで落ち込んでしまうのも気になる。はりきってIBをとったものの（そのときはIIまでとるつもりだったが）、それを履修してみて物理がキライになってしまったのだろうか？

物理をとらなくなった生徒は、理科の何をとっているのだろうか？　高校理科の履修率の変化を表4に示す。化学と生物の人気が圧倒的だが、いまどき物理ぬきの化学や生物とは奇妙なものである。

勉強＝教わる

教育を論じる人は、口を開けば入学試験が問題だ、偏差値が悪者だという。そして、これで、お終い。「偏差値」と一言いえば教育を論じたことになるかのようである。視野狭窄もはなはだしい。偏差値とは何ですか、と反問したくなる。

戦後の教育は、子どもの人格形成のすべてを学校にとりこもうとしてきた。[39] PTA、学習指導、進学指導、等々。それに家庭科なども、ぼくは家庭に返してよいと思う。

「学校が引き受けます」のなかで「勉強するとは教わることだ」というイデオロギーが定着した。昔は受験勉強だって自分でするものだった。この変化は商業主義という時代思潮と結びついている。これを入学試験問題は教科書の範囲からという過度の指導・注文が増幅している。

そして、何年か前から大学信仰が顕著になった。高校までは通過すべき仮の世界、本当の勉強は大学にあると言わんばかりの直線思考。飛び級、飛び入学をして早く大学の授業に出ましょう、という。そう、いつからか大学でも〝講義〟が死語になって〝授業〟にかわっている。こうして、生徒たちの世界は狭まるばかり。小さな壷に押し込められてゆく。

勉強＝受験勉強

世間が入試、入試と合唱しているので、生徒もそれがすべてと思いこむようになった。こういう話をきいた。入学試験は『学習指導要領』にしばられている。現行の『学習指導要領』（一九八九年）には、「数学Ⅰ」の2次関数のところに「グラフを通して不等式を解くことができるようにする」とある。現行の「数学Ⅱ」では導関数が導入され、関数の増加、減少、および極値を調べて、グラフの概形を描く。ところが『学習指導要領解説』（四五ページ）は「原則として3次程度までの整関数を対象として関数値の変化を調べる」といっている。それには根拠があるのだそうだ。関数の増減を調べるには導関数の正、負の領域を見きわめなければならない。すなわち、不等式を解く。その不等式に言及しているのは「数学I」で、2次式までである。だから、導関数は2次まで、したがって増減を調べるのは3次関数までとなる。いかにも整然としている。入学試験も、調べてみると例外なくこれに従っている由。日本の教育には乱れがない。しかし、発展性もない。

教室では$f(x)=x^n$の導関数は$f'(x)=nx^{n-1}$というとき、$n=1,2,3$と書き添えるのだという。教科書でもそうなっているのだろうか？　何故3なのか、3に特別の意味があるのだろうか、と問うのが探求ではないか？　塾で、この式は$n=4,5\cdots$に対しても成り立つのです、というと「そこまで必要ですか？」と反問する生徒がいる、とか。もちろん、入試のための勉強に必要か、という意味である。

生徒は責めるまい。そういう枠内の入試にすることを強く求める機構がある。『学習指導要領解説』も暗記型にできている。たとえば、こう書いてある。

x^3の導関数を求める際に、$(x+h)^3$の展開が必要となるが、この展開は「数学A」の内容であり、「数学A」を履修していない場合はここで補充する。

とりたてて、ここまで言うのは何故だろうか？　生徒が自分で3乗を計算したらよいではないか。これが総説に「たくましく生きる人間の育成をはかり」「自ら学ぶ意欲と……主体的に対応できる人間の育成をはかる」とうたう『学習指導要領』（三ページ）の内実である。

入学試験が、安易な〝難問奇問〟批判によって暗記でしのげる型に無理に押し込められてきた結果として、勉学を促す機能を失いつつあることが大問題である。教材の精選も、その結果として論理の筋が通しにくくなることも大きいが、暗記で切り抜けることができるように（そのほうが効率的に）なることも重大だ。日本の教育を指弾する外野の合唱のなかで生徒が学科にむかう姿勢を変えてしまった。どの大学の先生も最近の学生の学力低下をいうが、単なる学力の問題ではなく、勉強の概念が変わってしまった点こそ重大だと思っている。

社会経済生産性本部が昨年、大学入試の廃止を提言した。同様の提案は以前から繰り返されているが、間違いだ。大学に個性を許すならば、学生を選ぶ——むしろ、志望者に要求を出すことも許さなければ辻褄が合わない。入試をやめるならテレヴィなども一斉にやめて静かな社会をつくってからにしよう。いま考えるべきは、入試を廃止するのでなく、勉強を促す入試の機能を回復することである。

幾何の年頃、微積へのあこがれ

いまの教育は適齢期を逃している。中学生の年代は正義感にあふれている。ものごとをキッチリしたい。この年代には幾何学が適している。高校生は開けてくる視界に希望をもやす世代だ。旧制中学では微分積分が初年級の生徒の目標であり、あこがれであった。

微分積分の計算技術を大人は瑣末な技術というかもしれない。しかし、技術を軽視してはいけない。現に、大学にきてから技術力不足で問題が立てられない学生がたくさん現われている。それに高校生の時代には計算問題のなかにも興味深い発見があり、興奮がある。

読み・書き・算数

「最近の学生が一般にいって、いちじるしく学力が低下していることは、おそらく大学教授のすべてが痛感していることだろう」と書いたのは、東大を停年退官したばかりの大内力氏。なんと一九七九年のことである。(40)「外国語はおいても、日本語が読めない、書けない。表現力が弱いといった技術的な話ではない」と進んで「問題意識がそもそもないのである」に行きつく。「なぜ、こうなってしまったのか？」そう自問して、大内氏はいう。

おそらくは入試地獄の深刻化によって、また○×式の問題に対する解答術だけをマスターしようとする受験勉強なるものによって標準的な教科書や参考書を丸暗記し……自分でものを考え、それを自分の言葉で表現する訓練を一度も受けたことなしに成人してしまったということも理由の一つであろう。

標準的な教科書のまる暗記が行なわれているとすれば、それは入試のせいであるよりも、入試をそれですむような場所に追い込んだ政治のせいだ。このことは既に論じた。

○×式で悪名高い国立大学共通一次試験が始まったのは、この一九七九年である。大学入試センターが設置されたのは、その二年前であった。

技術を蔑視してはいけない。表現技術や言葉、論理に対する感覚を養うには長い時間がかかる。小学校から力を入れなければならない。問題提起の練習は無理でも、言葉に対する感度を高める訓練は可能である。論理の感覚はそこから生まれ、問題提起の力もいずれ湧いてくるであろう。明治二年（一八六九）、木戸孝允の普通教育振興の提唱に続いて伊藤博文が、小学校を設けて「人々ヲシテ知識明亮タラシム可シ」と言い、「専ラ書学素読算術ヲ習ハシメ……」と建議した(41)のは的を射ていたと思う。

新聞に、中学生と高校生のお子さんをもつお母さんからの投書が載っていた(42)。

小学校時代は、二人とも同じように、塾には通わず家では学校の宿題とドリルだけで勉強した。その結果、いまも計算や漢字といった基礎学力にはっきり差がある。

宿題の量がまずちがいました。ドリルも、上の子のときは何度も繰返しさせられたのに、下の子は一度か二度、音読の宿題も一つの単元で二〇回は読んでいたのが、下の子は一回か二回、それが三六五日で六年間ですから、違いが出るのは当然です。

これが、文部省の唱道する「新しい学力観」がもたらした結果である。この「新しい学力観」は一九八九年の『学習指導要領』(43)（一九九三年から施行された）にはじまり、こんどの新しい指導要領にも継承されている。すなわち新しい学力観とは、自ら学ぶ意欲と思考力、判断力、表現力を学力の基本とするものであり、これまでの知識や技能を中心とする学力観を大きく転換するものです。

その言やよし。しかし「知識がなければ思考力など発揮できないのである[44]」。

大学における教育

さて、大内名誉教授の嘆きから二〇年後、東大の蓮実重彦学長は言う。「東大がなんとかやってこられたのは、必死になって教育しているからだ」。「私が、学生だったころの大学は、その意味では大学ではなかった」。

後半は、その通りだと思う。昔は、教育しないのが東大のよいところだった。これは学生から見てのことで、教師たちは気づかれぬように教育していたのかもしれないけれど……。学長は「その意味では」と注意ぶかく発言している。「必死になって教育する」のと「学生に自分の足で立っているように思わせておく」のと、どちらが本当の意味で大学であるか？ もちろん後者である！なぜなら、学問は必死になったって教えきれないからだ。本来、網の目のような組織になるべきものだ。教えられるのは一本の糸でしかない。学問をきわめるには自ら想像力をはたらかせて問いを発しつづけ自ら答えて網を編みつづけるしかないのである。

この点で、近頃の大学論は素人談義ばかりで、どれも根本的に間違っている。

5 物理なしの化学なんて

こういう話を聞いた。アメリカのプリンストン大学にヨーロッパのW教授がやってきた。子どもを地元の高校に入れて、母親が驚いた。第一学年では「生物学」を学び、第二学年で「化学」を学んで、そのあと第三学年になってから「物理」を学ぶ、と聞かされたからだ。「物理が化学の後だなんて！」と彼女は驚いた。「化学が物理の知識なしで理解できるというの？」

そして隣に住むアメリカ人Aさんに訴えた。Aさんも教授夫人。息子を高校に入れたところだった。「プリンストンの高校では、生物学を化学や物理のまえに学ぶんですって？　いまの生物学が物理や化学の知識なしで学べると思う？」とW夫人。「私の受けたヨーロッパの教育では物理も化学も生物も同時進行でした」。

今度は、アメリカ人の夫人が驚いた。そんな教育の仕方があったのか！

こうして驚きは輪をひろげ、教授夫人たちが街頭に立って教育改革を訴えることになった。

そこで日本。そこは化学の後に物理を学ぶ必要もない選択制の世界である。ここでは、これを問題にしたい。科学について展望をもたない生徒たちは、どんな選択をするか？　安易に流れる者が大部分であることは、すでに周知の事実である。高校生のうち物理をとる者は既に二〇％を割っている（図3）。その結果、高校に物理の教師を維持することは経済効率に反することになり、某県では実際三分の一の高校に物理の教師がいないという。

選択は「個性重視」の名のもとに行なわれているが、個性が絵に描いた餅でなかったとしても、壺の中の個性に将来を見通した選択ができるのか？

選択は、高等学校で早々と理科と文科を分けるところにもある。個性重視のためだという。本当に根拠のある選択がなされているだろうか？　選択にも指導が行き届いているのではないか？　それよりなにより、文と理を、こんなに早期に分けてよいのか？　将来の総理大臣には理科の友人がいないという事態にならないか？

6　飛び級・飛び入学

学校の機能の一つは、若者に相互作用の機会を与えることである。稀薄な溶液では溶質分子の相互作用は弱い。

昔々あるところに

高名な経済学者・野口悠紀雄氏の回想がある。(45)

野口氏は、旧ソ連がスプートニクを打ち上げた一九五七年に都立日比谷高校の二年生だったという。そこは異常な早熟少年および少数の同少女たちの見本市みたいなところであった。

野口氏は仲間とガモフ・シリーズのさまざまの話題について議論した。カントールの無限集合の理論、相対性理論、……。「いまにして思えば、二人とも背伸びして知ったかぶりをしていたにすぎない」と野口氏は言うが、ぼくにも経験があるから想像がつく。若者の討論だ。熱もおびただろう。未知への扉を開こうと力を振り絞っていたにちがいない。『戦争と平和』は小学生のとき読んだとうそぶく者もいた。ベートーベンにあきたと称する者たちはモーツァルトの室内楽について論じていた。野口氏は回想している。

> 「無限集合の大きさを比較する」というこの企ては完全に理解した。証明が簡単だから分かったというだけではない。一見して捕捉不可能と思われる無限大の集合を、人知が扱えるということの意味を理解した。

だからこそ、と野口氏は言う。

> 放課後の人気のない校庭を歩きながら、この定理の偉大さと、この理論の世界の美しさを、熱くなって賛美しあったのである。

「これは遠い昔の出来事だ」と野口氏は結んでいる。「学校群という愚挙が、この小さなキャメロット[46]の地を破壊しつくす前の物語りである」。

野口氏は書いていないが、無限集合を理解するまでに、どれだけの時間をかけたか。どれだけ仲間と議論したか。理解したと思ってから、実感するまでに何度、パラドックスの深淵に落ちそうになったか。ぼくの経験では、理解が進めば進むだけ疑問も湧いて、たくさんの宿題を背負いこむことになる。いつまでに解かなければ、ということはない。青空を眺めながら不思議を楽しんでよい。それが大学に進んでからも力の源泉になった。

この宿題こそ貴重だと思うので、ぼくは飛び入学に疑問をもつ。高校数学がわかってしまったら大学に講義を聴きに行きなさいという指導に疑問をもつ。大事な時間を人の話を聴くことに費やしてはもったいない。そもそも高校数学が「わかる」のでは実はわかっていないのである。なぜ「わかっていない」ことになるのか、君は大学の先生に指摘してもらいたいか？　飛び入学よりは、熱く語り合える、密度の濃い集団がいい。

国語学者・大野晋先生の回想[47]もある。旧制の第一高等学校。

当時の高等学校は花園にたとえられる場所だった。かぐわしい花々の香りを求めてその中を若者が迷い歩いていた。

「今の大学生より一年早く（中学四年終了で合格すれば二年早く）高校生になると、一切が大人扱い……、自由と同時に個人の独立と責任が課されて、知と芸術の花園に放り出された」と大野氏は語り、

青年期のはじめに遊びの時間を設定する制度は賢明であると思う

と言い添えている。確かにそうだ。高等学校は全寮制であった。大野氏は語り続ける。

寮では、文科も理科も取り混ぜた一年生だけ十二人の部屋に所属した。なあに俺だって外国語の勉強は好きだ……と思っていると、同室のMがフランス人の先生と教室の廊下で話しているのを耳にした。

同室にGがいた。見ていると高木貞治の『解析概論』を尊崇して大切にしていた（大きな本で定価七円、いまならば三万円を下らないだろう）。……彼は数学をやるために生まれてきたように見えた。

つまり「自分は何かやりたい、やれるだろうと思う若者が全国から集まっていた」と大野氏は言い、そして付け加えている。それを伝えなければ嘘になる。「その揉み合いの中で、先が薄れて見えなくなる若者は必らずいた」。

旧制高校生の年頃に自由に自分を見つめる時間をあたえられたことは、たいへんよかったと思う。

せっかくの高校時代を

さて、高校でよくできる生徒には飛び級を許し早く大学に入れようという動きが顕著である。あるいは、高校のXができる生徒には大学での講義を聴かせようという。これは間違っていると思う。

理由は少なくとも二つある。

第一に、高校のXが「わかった」というのは、じつはわかっていないのではないか。ぼくは、何かが「わかった」というのは、その「何か」を足場に想像力が羽ばたきはじめることだ、と考えている。想像力が自由にはたらきはじめたら、高校程度の学習では「わからない」ことに出会わないはずがない。教科書以外のXの本を読んでも疑問にぶつかるだろう。

学びはじめには——十分の時間をかけて学ぶなら、だが——学びはじめの疑問が生ずる。これが貴重である。時間をかけて、じっくり考えたい。もしかすると、疑問は解けないかもしれない。それでも、時間をかけて考えたことは後に財産として残る。一生涯かけて追究する問題に発展するかもしれない。

大学の先生に教わろうとするなど愚の骨頂である。大学の先生は、若いときの苦しみなど忘れてしまっているだろう。そして整然とした答えをくれるだろう。「$\varepsilon-\delta$論法は、しかじかの疑問を解くために考え出されたのです」といった説明は普通しない。

大学の講義だけでは、事の本質に迫るには不足である。大学には、考えぬいた疑問をもってきて欲しい。

第二。「よくできる生徒には大学の講義を」という提言には「勉強するとは教わることだ」の臭いがする。勉強は自分でするものだ。学問には王道もないが、急行もない。

7　学校の外の教育

科学の教育について、これまで学校のことばかり見てきた。日本の中学・高校生にとって学校の外は真空に近い。彼らのための科学雑誌がない。科学の本がない。科学博物館もないに等しい。新聞は、昔に比べたら科学にスペースを割くようになったが、中学生や高校生の知的要求をみたすレヴェルにはない。もともと、この国には大衆紙しかないし、紙面のうちニュースの占める割合はとみに低くなっている。

高校生たちは、大学に関する情報は直接に出かけていって得るべきものと思い込まされている。大学の公開日、進学相談会、……。しかし、予備知識を与えられていないから、大学に行っても何を、どこを見たらよいかわからない。いわば与えられたものを、わけもわからず見てくるだけ。いつか大学という名の出来合いのブラック・ボックスに入っていくという元気のない姿になる。

仁科芳雄という物理学者がいた(『理科を歩む』の「仁科芳雄と開かれた学問」など参照)。その先生が、少年時代、弟に書き送った手紙がある。(48) そのなかから一節を引こう。昔は、これが当たり前だった。「予習と復習をして、一週間の後には、全科について大略に復習すべし」と書いた後に

かくしても暇は必ずあるものなれば、学校以外の参考書を読むべし。教科書のみにては、とうてい十分に修学し得るものに非ず。我等が学校で学ぶは、参考書を読み得るような力を与え

て貰うだけなり。

例えて言うと、学校で学ぶのは、鳥の幼児が、親に飛ぶように育ててもらうようなもので、既に飛ぶことができるようになったら、自ら飛んで十分に食物を求め、大いに雄飛すべきなり。しかるに、大きくなっても飛ぶことを知らぬときには、親鳥はもはや育ててくれぬから、遂には餓死してしまうものなり。

科学雑誌・科学の本

本来なら、雑誌や本が誘い出す想いで夢をふくらませているはずの年齢である。雑誌や本が、学校で歩む科学の直線コースに横から光を当てて、理解をふくらませ多面的にし、ときに脇道に連れ出して知識のあれこれをつなぎあわせるのが環境の本来である。今日の日本の若者たちは真空に慣らされてしまっている。大人たちは、若者が文字を読まなくなったといって出版を市場原理にまかせている。ニワトリが先か、タマゴが先か、いや、むしろ学校への囲いこみ政策の結果と見られるが、今日の惨状は眼を蔽いたくなるほどだ。

この国でも、先人たちは科学雑誌を努力して出し後輩たちを誘ったものである（図4）。後輩たちは、感度よく呼びかけに応えた。

たとえば、寺田寅彦は、日記（一九三六年四月三日）にこう書いている。[49]中学五年になったばかりである。

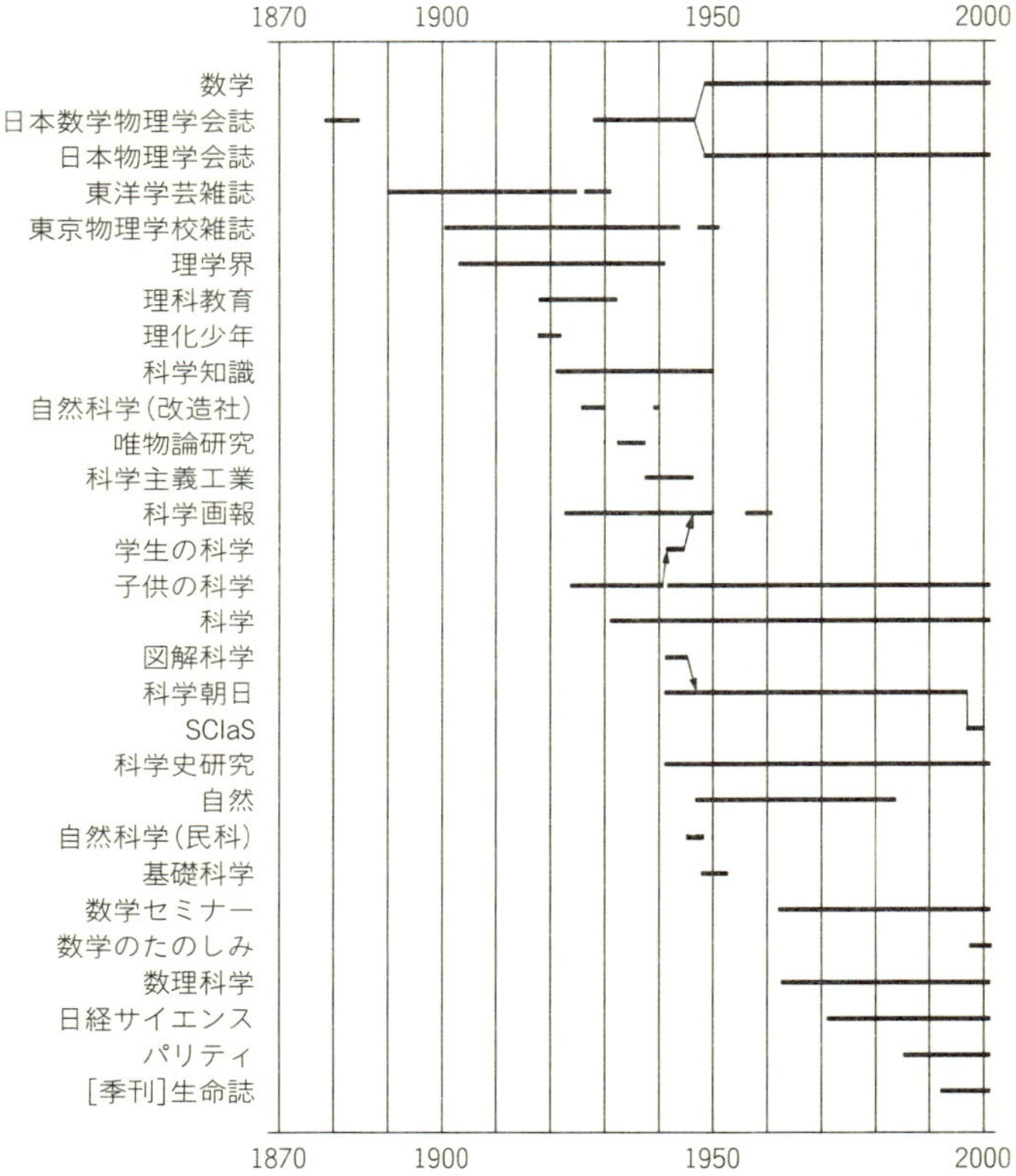

図4　努力してきた科学雑誌　屍骸累々である。長岡半太郎は『東洋学芸雑誌』につとめて書いた。寺田寅彦は『理学界』や『理科教育』などにも書き，『科学』の創刊に尽力した。湯川秀樹，朝永振一郎，伏見康治も『自然』など科学雑誌の支援に力をつくした。

なお，『日本数学物理学会誌』は，『東京数学会社雑誌』に始まり『東京数学物理学会記事』を経ており，細かい曲折もあった。『東京物理学校雑誌』は，戦後，『理学／東京理科大学』に変わった。矢印は吸収を示す。

三時頃帰宅セシニ東洋学芸雑誌百七十四号及中外英字新聞研究録来リ居リ　即チ先ヅ学芸雑誌ヲ見ルニ巻首第一ニ人目ヲ驚カスニ足ルハ今回独逸ナル Röntgen 氏ノ発明ニカヽルX放射線ヲ応用シテ自ラノ手ノ骨肉ヲ分明ニ撮写セルモノノ縮写写真板ナリ　此ノ発明ニカヽル詳細ノコトハ同誌ヲ読ンデ知ルベシ。

『東洋学芸雑誌』は当時の学士院の機関紙のようなもので一八八一年（明治十四）に創刊され、理科の啓蒙に大きな力をもっていた。

朝永振一郎については、弟の陽二郎が小学校低学年の頃を回想している。[50]

兄もわたしもよく病気をした。熱を出したら、あと微熱がいつまでもとれないで、春まで枕を並べて寝ていることもしばしばであった。買ってもらった本も読んでしまい、天上の木目や染みを眺めるのに飽きたころ、やっと寝床の上に坐ってもいいというお許しがでる。そんなときになると、画用紙やボール紙、それに御飯粒を糊にして、なにか手工をはじめるのであった。……小さいときから兄はいろいろ廃物を利用して物を作るのが巧かった。これは大人になってからも続いていたようである。小さいころのこうした工夫は、当時、兄が読んでいた『理化少年』という雑誌から智慧を借りたことが多かったようである。この雑誌には、子どもにもできる物理、科学の実験の仕方、薬剤のつくり方、標本のつくり方、模型のつくり方などが載っていた。随筆『鏡の中の世界』に書いている幻燈板に使った青写真の薬液のつくり方は、この雑誌に載っていたのである。しかし、それを寒天をつかってガラス板に密着させるというのは兄が考えだした工夫である。

湯川秀樹は幾何学の問題を自分で解き進んだ喜びを語っている。[51]

何よりも私をよろこばしたのは、むずかしそうな問題が、自分一人の力で解けるということであった。幾何学によって、私は考えることの喜びを教えられたのである。何時間かかっても解けないような問題に出会うと、ファイトがわいてくる。夢中になる。夕食によばれても、母の声は耳に入らない。苦心惨澹の後に、問題を解くヒントがわかった時の喜びは、私に生きがいを感じさせた。

幾何の教科書に出ている問題は、どんどん先の方まで解いてしまった。いろいろな参考書を買ってきて、片っぱしから解いて行った。秋山武太郎という人の『わかる幾何学』という本が、そのころ出版された。西洋の数学者に関するエピソードが、チョッピリ入っていた。この本が一番面白かった。

この秋山武太郎は旧制の武蔵高校（といっても、旧制の中学と高校を合わせた七年制）で教えていた人だ。東大の物理の教授だった高橋秀俊は、武蔵の授業で最も楽しかったのは秋山の幾何学の名調子の講義であったと書いている。[52]ついでに、その先を引いておこう。

本当の（大学程度の）物理学に触れる最初の機会を与えてくれたのは、岩波講座「物理学及び化学」であった。……この講座の中で、今も忘れない一節がいくつかある。一つは『交流理論』の項目の一部で、もう一つは石原〔純〕博士担当の『電気力学』の序章である。後者で石原博士は「電気力学を一貫する原理は、十八世紀の物理学を支配した力学的自然観、つまりすべての物理現象を力学との類推によって論ずるという方法論である」という意味のことを述べておられる。最初読んだときは、その意味するところを理解できなかったが、この一節こそ、やがて私の物理学に対する態度を示す根本原理となるのである。

引用は、いくらでもできるが、このくらいにしよう。湯川らと同様に、いまの中学生、高校生が学校物理、学校数学の壷から早く飛び出せるような雑誌や本を大人は出さなければならない。『学習指導要領』が偏食の選択制を始めたら、物理も化学も生物も地学も、そして数学の諸科目も互いに関連し相助けるものであることを、雑誌が若い人々に訴えるようでありたい。かつて科学雑誌『自然』が休刊になったとき、そのことをフランスの友人に話したら、残っている雑誌は何か、日本の科学政策を論ずる雑誌はあるか、と訊ねられた。そうだ、科学雑誌は、科学を語るだけでは足りないのだ。

日本に高校だけでも五千以上ある。それに中学と大学を加えた理科の先生、数学の先生が書き、かつ購読することを約束したら、商業ベースでも雑誌の維持は十分に可能である。

注

（1）ＥＴＶ四〇周年特集「日本の学校・ここを変えて！　世紀に生かせ、子どもたちの声」、十四時間生放送、一九九九年一月十日、ＮＨＫ教育テレヴィ。

（2）『日本経済新聞』（一九九九年二月六日）の論評は次のような生徒の主張を例にあげた。「日常生活では全く使わない七面倒な三角関数など何故勉強しなければならないか」「国語の長文解釈など十人十色なのだから、正解を一つにきめて採点するのはおかしい」。論評を執筆した塩谷喜雄編集委員は、前者に対しては知的財産の継承と社会生活を営む上での素養をあげ、後者に対しては客観性を意識できない幼さやつたなさを怖れ、先達の到達した解釈は知的財産である、子どもの読み違いや読み込みの浅さは指摘しなければならないと述べた。模範解答からずれたものを、すべて排除すべきでないことも注意、そこに科学の進歩があるとした。塩谷説は、『日本経済新聞』の読者には説得力があるのかもしれないが、ピンとこない層も厚くなっている。

『高等学校学習指導要領解説　数学編・理数編』の三七ページは、「数学IIでは……日常生活とも関連の深い指数関数、三角関数について学習する」としている。とはいえ、この「数学II」を選択したとしても「弧度法は「数学III」で扱うことになったので、実数についての関数として $\sin x$；$\cos x$；$\tan x$ を定義することは扱わない」。これらを導入し、微分できるのは「数学III」を選択したときに限る。

（3）西村和雄・上野健爾「教育を考えなおすために」『数学のたのしみ』十一号（日本評論社、一九九九年二月）で上野さんが引用している（七三ページ）。『週刊教育 Pro』という雑誌（一九九七年四月）に載ったインタヴューにおいて三浦朱門氏が発言した由。また、三浦朱門『日本人をダメにした教育』海竜社、一九九八年、五八ページ、一六七―六八ページ。曽野綾子さんは臨時教育審議会の委員もつとめた。だから例に引くだけの重みがあるわけだ。三浦朱門氏は、かつて「妻をめとらば」を書いて「ピタゴラスの定理が［証明］できない」妻と同じ家に住むのは「ネアンデルタール人と現代人が結婚して調和のとれた生活を望むようなものだ」といい、「数学の学力が人間の文化程度を知る唯一の尺度ではないが、これが一番簡単に答えが出るから便利である」とした（『数学セミナー』一九六二年四月）。清水達雄先生の御教示による。

（4）たとえば、「東京物理学校」は一八八一年「東京物理講習所」にはじまり三年後に設立された。いまの東京理科大学の前身である。自由学園は一九二一年に「思想しつつ生活しつつ祈りつつ」をモットーに女生徒二六名で出発したという。

（5）小松醇郎『幕末・明治初期 数学者群像』（吉岡書店、上一九九〇年、下一九九一年）、第六章をみよ。

（6）すぐ後に紹介する『算数の先生』には「答えは一とおりとはかぎらない」という節があり、生徒が先生に「問題がわるい」と言う筋にしてある。生徒の積極性を誘う巧みな設定だ。その問題とは「ある数で111を割れば3あまり、130を割ればあまりは4、77を割ればあまりは5になるという。ある数とは？」

（7）『指導要領』が日の丸・君が代を「指導するものとする」とした一九八九年に「こんどの表現には、『ほとんど例外を認めない』ほどの拘束力があり、従わない場合は指導要領違反で処分の対象になる」と文部省は説明している。

（8）高等学校の場合は一九四七年につくられ、一九五一、一九六〇、一九七〇、一九七八、一九八九年に改訂された。それぞれ施行は二、三年後になる。

（9）細井 勉「新しい高校数学どうやって、どう決まったか」『数学セミナー』一九九九年七月。

（10）「初等中等教育と高等教育との接続の改善について」文部大臣が中央教育審議会に諮問した際（一九九八年十一月六日）の理由説明。インターネットでも全文を見ることができる。http://www.mext.go.jp からたどればよい。

（11）『平凡社大百科事典』「学習指導要領」の項。

（12）『朝日新聞』一九九八年九月二十七日。「学校の自主性確立」を盛り込んだ中教審答申を報じ、状況を検討した記事。「教育の地方分権化は、日本の教育の体質を大きく変えるはずであるが、現実問題として、それを実現させるのは容易なことではない」と結論し「文部省はこれを掛け声だけにしてはならない」という。枠はお上につくってもらい、それから自治と聞こえかねないが、管理体制の厳しさを表現しているのかもしれない。江沢 洋「大学・民主主義・地方分権」（『科学』一九六九年三月）一三七―四一ページ、同「科学政策とプルーラリズム」（『科学』一九七八年二月）巻頭。

(13)『朝日新聞』投書欄「現場締め付け、学校はどこへ」二〇〇一年二月十七日、「学校の現場で口閉ざす教師」三月二日。職員会議を校長が退席してからもう一度やり直すという話も聞いた。

(14)『朝日新聞』二〇〇〇年十一月二十六日。

(15)『朝日新聞』二〇〇〇年十二月二十九日。

(16)『朝日新聞』二〇〇一年二月十九日。

(17)『毎日新聞』一九七七年九月九日。

(18)一九〇五年生まれの経済学史家。慶応義塾大学教授を経て一九六〇年から塾長、当時は大阪学院大学教授。

(19)香山健一『自由のための教育改革』ＰＨＰ研究所、一九八七年、一一二ページ。

(20)『日本経済新聞』一九九五年四月二十七日。

(21)『朝日新聞』声欄、一九九八年十一月二日。

(22)いつから四時間まで許されるようになったのか知らない。週三時間までという定めは新聞にもでた。驚いたから、よくおぼえている。

(23)『朝日新聞』一九九七年十一月十日。

(24)金谷　憲「小学英語は救世主か――長所・短所　冷静に論議」『朝日新聞』二〇〇〇年五月二十七日を参照。

(25)「教養教育、小・中・高でも――中教審に文相諮問」『朝日新聞』二〇〇〇年十二月二十六日。

(26)『日本経済新聞』一九九八年十月二十九日。同日の『朝日新聞』も同調する私立中学数の伸び鈍りを報じた。

(27)『朝日新聞』一九九九年一月五日。

(28)『朝日新聞』一九九六年七月三日。公立学校の元校長先生の投書。

(29)藤原正彦「子どもの時間割り――危険はらむアメリカ化」『朝日新聞』一九九八年五月九日。

(30)The National Comission on Excellence in Education, *A Nation at Risk—The Imperative for Educational Reform, A Report to the Nation and the Secretary of Education, United States Department of Education,*

April 1983.

（31）幼稚園、小学校、中学校、高等学校、盲学校、聾学校及び養護学校の教育課程の基準の改善について、教育課程審議会の答申、一九九八年七月二十九日。インターネットで全文を見ることができる。http://www.mext.go.jp からたどればよい。

（32）上智大学の笠耐先生がつくった。日本学術会議・物理学研究連絡委員会に提出（一九九九年二月）。『物理教育通信』九六巻、一九九九年、五九ページ。教育課程審議会の答申（一九九八年七月二十九日）（注（31））も参照。

（33）細矢治夫「『ゆとり』と『厳選』とは何か――教育課程審議会の答申の解説と批判」（『化学と教育』四六巻、一九九八年、五六二―六三ページ）、『朝日新聞』（一九九八年八月十二日）などを参照。

（34）『朝日新聞』一九九八年七月二十三日。

（35）寺脇 研・苅谷剛彦「対談・学力低下を考える」『朝日新聞』一九九九年七月十九日、三六面。非短縮版は『論座』一九九九年十月。

（36）江沢 洋「アメリカの科学教育」『教育学全集7 自然と法則』小学館、一九六八年、増補版一九七六年。

（37）立花 隆「教育制度と入学試験システムの改革を」『日本の理科教育が危ない』高等教育フォーラム監修、学会センター関西発行、学会センター発売、一九九八年。

（38）唐木 宏『実践記録・第四巻 新物理カリキュラム』講談社出版サービスセンター、二〇〇〇年。

（39）諏訪哲二『〈平等主義〉が学校を殺した』洋泉社、一九九七年。著者は、「文部省御用達の学者や文部省のキャリヤたちが、人間形成についてのすべてを教育（学校）の傘下にいれてしまおうという衝動をもっているか、それとも、教育のセクションが人間の教育に関するすべての責任をとるべきであると思いこんでいるかのどちらかである」と書いている。学者やキャリヤたちが「衝動をもっている」か「思いこんでいる」かのどちらかと言っているのか、それとも「学者やキャリヤたちが……衝動をもっている」か「教育のセクションが……思いこんでいる」かのどちらか、と言っているのか判然としない。「、」に忠実に読めば前者となる。いずれにしても「衝動」はどうか？
(40) 大内 力「昔の学生・今の学生――学問に未来はあるか？」『学士会月報』七四四号、一九七九年Ⅲ号、一七―二一ページ。
(41) 山住正己『日本教育小史』岩波新書、一九八七年、二一―二二ページ。
(42) 「ひろば」『朝日新聞』一九九九年七月十九日。
(43) 埼玉県教育委員会の説明が注（38）に引用されている。
(44) 永野重史『子どもの学力とは何か』岩波書店、一九九七年。
(45) 野口悠紀雄「出会いの風景」（『朝日新聞』一九九二年十二月十四〜十八日）、同『「超」整理日誌』（ダイヤモンド社、一九九六年）二二二―二二四ページ。
(46) Camelot. アーサー王物語の王の宮廷があったとされる町。一般には魅惑的な場所を指し、特にケネディ大統領時代のワシントンをいう。
(47) 大野 晋「『遊び』の花園――両国橋から」第二十一回、『一冊の本』一九九七年十二月、朝日新聞社。この連載は『日本語と私』（朝日新聞社、一九九九年）として一冊にまとめられた。
(48) 『仁科芳雄博士書簡集（少年時代篇）』科学振興仁科財団、一九九三年。
(49) 『寺田寅彦全集』第十八巻、岩波書店、一九九八年、四三ページ。
(50) 朝永陽二郎「振一郎と私」（松井巻之助編『回想の朝永振一郎』みすず書房、一九八〇年）五八ページ。
(51) 湯川秀樹『旅人――ある物理学者の回想』角川文庫、一九六〇年、九九ページ。
(52) 高橋秀俊「私と物理学」『高校通信・東書〈物理〉』二二八号、東京書籍、一九八五年。

III

おもしろい理科の本と雑誌

〝おもしろい〟って何ですか？

青少年の理科ばなれが著しい。学術会議の物理学研究連絡委員会が出した報告書『日本の物理学——明日への展望』（一九九四年）などによれば、かつては高校卒業生の九三％が物理を学習していたのに、一九七二年にストンと八五％に減り、一九八二年を過ぎたら三〇％にストン、以後も漸減し続けて、いまは一〇％くらい（一一七ページの表を見よ）。ストンの年には『指導要領』が変わり高校での理科の必修単位数が減っている。これは高校物理が生徒への強制で成立していたことを示すように見える。でも、学校だけではない。街から模型屋さんが姿を消し、科学雑誌も勢いがない。

彼らを理科に引き戻そう、授業を楽しく、理科の教科書をおもしろく、という声がしきりである。そういう人に会うたびに、ぼくは訊ねる。「おもしろい」って何ですか？　「おもしろい」くらい意味の広い言葉は少ない。『広辞苑』によれば「目の前が明るくなる感じを表わすのが原義」の由だが、「気持が晴れるようだ」「愉快だ」から「一風変わっている」「滑稽だ」まで。和英辞典を引けば、amusing, funny まで。

言葉を注意して使うために、「おもしろい」を分類しよう。科学の絵解きは「一風変わっている」ことで目を引く。また、珍しい物や現象。これらの「おもしろい」を三級としよう。彩り鮮やかでも、おやっと思わせられても、科学の中身は多くの場合ほとんどわからないからである。モーターをつくったら思いどおり回った。二極モーターから三極へ、もっと馬力を増すにはどうするかなど、興がのって手が動き頭が動き始めたら二級に格上げ。そして疑問が湧いてきたら一級としよう。

ここでは、珍しい現象を見て何故だろうと思うのは疑問と呼ばない。科学の疑問は「こうなるはずだが、ならないのは何故か」でなければならない。たとえば「月はなぜ落ちてこないか」（朝永振一郎編『物理学読本』みすず書房、一九四九年）。この視点には虚を突かれた思いがした。「落ちているのだが落ちてこない」という答えにも心ひかれた。

無心の「なぜ」では、小学生ならまだしも、高校生となれば知的年齢が満足しないだろう。物理をおもしろくしたいなら、教育は、知的欲求の発達に応じて物理に向かって問いかける腕力をつけるように組み立てねばならない。「やさしい」だけでは魅力にならぬ。

高校生の物理を謳って本を書いたら「これが読めるのは全国で千人くらいだろう。残りの百数十万人をどうする？」と言われた。誰かが考えねばならない。しかし、本誌『科学』の編集者が「私も気になります」と言ったのは、気になる。百万人の口に合う物理がないなら『科学』はせいぜい数万人の高校生のことを考えていれば十分だ。

物理の「おもしろさ」は相手を選ぶ。だから、公教育で一〇〇％教えきることはできない。また、自由に問い、気長に、あるいは熱中して考えるおもしろさも、学校には望めない。科学の雑誌や本、そして科学工作の材料で学校の外を溢れさせよう。だからといって、学校の役割がないのではない。学校は必修単位や試験などの装置で馬を水辺に誘うことができる。科学の甘い水は山の向こうにあり、努力しないと味わえないものだ。そして、努力する前に甘味を知った少数に専有させるには、もったいないくらい甘いのである。

昔の理科の本の話

うっかり「昔はよい本があった」などと言ってしまったので罰があたった。「どんな本があったか、書いてみよ」という雷がおちた。

それに答えるのは難しい。「どんな本が」と問われたからといって、書目を並べるだけでは答えになるまい。といって、もともと岩波新書の安田武『読書私史』のようにはゆかない。

ここは大学で専門の勉強をはじめてからのことを語る場所ではないとすれば、物理の世界への入口では、第一、そんなに系統的に読んだわけではない。むしろ、つまみ食いできたからよかった、と思っているものさえある。特に雑誌の記事はそうで、教科書的な本の勉強に横から光をあててアクセントをつけてくれた。本だって、そういう役をしたものもある。だから、一列に並べるのは難しい。第二に、読んだという記憶はあっても、その内容や時期がすべてはっきり思い出せるわけではない。

三木清が「読書遍歴」に書いた有名な言葉も思い出される。いわく「自分について語ることは危険なことである。それは卑しいことであり、少なくとも悪い趣味であるとさえいわれるであろう。……」。しかし、考えてみると、これが書かれたのは一九四一年。戦前である。いまは、こんな感覚では生きてゆけない状況がある。研究者が某港町の飾り窓の女にされてしまったような気分に落ちることもある。さいわい自分は無理に生きなくてもよい年齢に達している。振りかざすべき足跡もない身だ。多少の妄言は活字になっても状況がかき消してくれるだろう。

1　小学生のとき

戦争中には『少年倶楽部』に加えて『飛行少年』や確か『航空日本』といった雑誌があった。自身、飛行機狂で、毎日、模型飛行機をつくって暮らしていた。滞空時間の競技会で何等かに入る腕前である。それには「研究」も積んだのであって、つくっただけでなく、本も読んだ。題は忘れたが、航研機を設計した木村秀政の書いた本もあった。航研機は東京帝大の航空研究所が設計し、一九三八年に長距離周回飛行の世界記録をたてたもの。飛んだ距離は一万キロ余りだから赤道一周の四分の一である。木村の名前は雑誌でもお馴染みだったと思う。昔は著者の名前が頭に残ったものである。

もう一つ、佐貫亦男『プロペラ』という本を覚えている。厚さ四センチといった専門書だから読み通したわけもないが、プロペラによる推力発生に関する「運動量理論」が記憶に残った。プロペラが回転して飛行機を前に引っ張る力（引っ張る力なのに推力とは！）を発生するのは、空気を後に押しやって運動量を与え、それと反対向きの運動量を飛行機が得ることによるというのだった。ところが、理屈どうりの推力にならないそうで、その言い訳も覚えている。いわく「砂地を歩くと

（歩幅）かける（歩数）までは進まないのと同じだ。これをスリップという」。いや、そうではなくて、プロペラがネジのように空気を切って回ってもネジほどには前進しないことをスリップと言うのだったかもしれない。このほかにもプロペラのネジレ（ピッチ）を回転軸からの距離によって変えておくことや、回転の速さに応じて変えること（可変ピッチ）の理屈などもあった。当時、模型飛行機のプロペラも木片から自分で削りだすことがあったから、どれも手元に引きつけて読むことができたのだろう。

将来は飛行機の設計技師になりたいと心にきめていた。飛ばす模型に加えて木片から形を削りだすソリッド・モデルもたくさんつくった。絵も描いた。

ガソリン・エンジン搭載や無線操縦の飛行機をつくることも夢だったが、小遣いでは追いつかなかった。代わりにということだったのか、蒸気機関をつくろうとした。首振り式といって、シリンダーが軸のまわりに揺れることで蒸気を入れたり出したり弁の働きをするはずだったが、何度試みても成功しなかった。工作の指南書はあったのだけれど。

戦争も終わりに近づいて模型飛行機の材料も手に入りにくくなったころ、学校の担任からグライダーのセットをもらった。いまならキットというところだ。辞書を引くと、キットとは目的のきまったもののセットだという。確かに、この言葉の方がよい。グライダーのセットでは、グライダーが何機もあるように聞こえる。それはとにかく、グライダーをよく飛ぶようにするのは難しかった。

2　中学生のとき

中学に入ると、飛行機は専ら爆弾を落としにくるようになった。一度は、小型機ながら小山に避難したわれわれから操縦士の顔が見えるほどの距離まできたこともある。やがてか、すでにだったか、上級生の教室は工場に変わり、下級生のわれわれは農家に送られた。畠の草取りはともかく、麦の束をかつぐと野毛が刺さるので難儀した。どのくらいの期間だったか思い出せないが、これは子どもを農家に送って充分に食事をとらせようという狙いもあったのではないか。その間、本を読んだのかどうか、記憶がない。いわゆる五衛門風呂に入ったのは覚えている。おそらく、その後すぐに眠くなってしまったのだろう。

戦争が終わると、近くの飛行場に動員された。飛行機を寄ってたかって手で押して隅に片付ける作業である。飛行機すら自分で動くことは許されなかったのだ。しかし、大人は知らず、われわれに解放感があったことは否定できない。その勢いも手伝ってか、これが最後という想いから飛行場に独りで忍び込んで憧れの戦闘機や爆撃機の内部を探検した。そのとき、滑走路にアメリカの飛行機がおりてきたのだ。仕方なく格納庫の隅で小さくなっていたら、飛行機は再び舞い上がってどこかに行ってしまった。

飛行機への道が断ち切られたとき、湯川秀樹『理論物理学講話』（朝日新聞大阪本社。現在は表題を変えて再刊されている。湯川秀樹『理論物理学を語る』江沢 洋編、日本評論社、一九九七年）と菊池正士『物質の構造』（創元社）とに出会った。道は物理に向かうことになった。

同じ頃だろうか、『科学朝日』でペニシリン発見の小さい記事を読んだ記憶が鮮明だ。フレミングが窓辺に置いた培養皿にカビがはえて、ひょっと見たら一つの皿のカビのまわりだけブドウ状球菌のかたまりが溶けたようになっていたというのだ。窓から飛び込んだ胞子にはじまる偶然の重なりが実ったこと、それが面白かったのだろうか。新聞紙を折り畳んだような化粧なしの雑誌だったが、やがて、その形も整う。バケツ大の鉄の単結晶（茅誠司）、地震は予知できるか（坪井忠二）などの記事が記憶に残っている。湯川の『講話』の続篇も忘れがたい。この『科学朝日』も今は消えた。

湯川の『続・理論物理学講話』で思い出すのは、第一に音速のことである。音が伝わるときの空気の圧縮・膨張をニュートンは等温過程と見たが、それで計算した音速の値が実測に合わないので、ラプラスが断熱過程と考えなおして成功したというのだ。それなら、空気の熱伝導率とか、さかのぼれば気体分子運動論から、これを断熱過程とみなさねばならぬという説明があるべきだが、いまだにお目にかからない。自分で考えよ、ということなのだろうか。もう一つ思い出すのは、波動の伝播を描きだすホイヘンスの原理である。これも考えてみると何故、波は前に進んで後には行かないのかなど疑問が湧く。でも、それは後のことである。

はじめは納得、しばらくして疑問、というパターンが続く。だから物理はわからないと言ってしまうか、だから面白いというか。これが分かれ道だ。

（旧制）高等学校の教科書が手頃な入門になった。本多光太郎『物理学本論』（内田老鶴圃）や寺沢寛一編『物理学』（裳華房）など。そして『物理学通論』（内田老鶴圃）は本多の東北大学での講義をもとにしたもの——これは確か序文に書いてあったのではないか。後になって、一九五〇年に見た小谷正雄編『物理学概説』（裳華房）が、これらに比べて非常に新鮮に感じられたことを思い出す。これが駒場での教科書になった。

『自然』（中央公論社）という雑誌が一九四六年に創刊された。実は、出会ったのは一九四七年八月になってからで、玉虫文一「光と化学反応」に目をみはった。光の量子が一個、きまって一個が分子一個に吸収されるということが驚きだった。『フォーチュン』誌からの訳「宇宙論の現段階」も載っていたが、まだビッグ・バンの話はない。アインシュタインの一般相対性理論の地道な解説である。当時は『フォーチュン』という雑誌がどんなものか知らなかったが、いま思えば、これが宇宙論を解説していたことが驚きである。雑誌『世界』の読者に見せて感想を聞いてみたい。

これから遡って伏見康治「原子物理シリーズ」と鈴木敬信「太陽の熱源を衝くシリーズ」の連載を知り、これらが毎月の楽しみになった。後者は「星はなぜ光るシリーズ」に続いたのである。『自然』の連載でもう一つ忘れられないのは湯浅光朝「科学文化史年表」である。年表というが、その解説がある緊張感をもち、すばらしかった。これは後に単行本になった。使い込んだ一冊は、いまではバラバラになり、二冊めを使っている。物理の知識を整理するのに、論理的展開の軸と歴史的発展の軸がある。後者は社会とその文化につながるのだ。いまの学生たちは三省堂の湯浅年表をもっているのだろうか。折にふれて参照しているだろうか。『自然』には他にも思い出す記事が多い。

その一方に、ブリキを切って積み重ね、エナメル線を巻いて変圧器やモーターをつくる生活もあったはずだ。確か六極のモーターが一つの目標であったが、成功したのだったか、どうか。本読みと工作と二つの生活の按配も、どんなふうだったのか思い出せない。

数学の本では、このころ島田拓爾という旧制一高の先生が書いた『高等代数学』に出会った。今日のようにたくさんのなかから選んだのではない。書店で出会って、宝物のように抱いて帰ったのである。何故か指数関数の定義が記憶に残っている。一〇の二乗は一〇〇、三乗は一〇〇〇という整数べキからはじめて二分の一乗は平方根、三分の二乗は、といった分数べキに進み、$\sqrt{2}$のように分数では表わせない数をべキとする場合にいたるという話である。昔の記憶は、このようにスポット的になってしまっていることが多い。おそらく、そこを何度も反芻したのだろう。

指数関数の定義は『高等代数学』という書名に似つかわしくないが、どういう脈絡でこれが出てきたのか思い出せない。実は、この著者も名も書名も昨日、図書館で調べてもらったのである。「一九四六―七年の発行で島田某著、書名は高等数学か代数学かな、ともかく数学で終わったと思います」と言った三十分後に図書館からの電話が記憶を呼び覚ましてくれた。その本は愛媛にあって、一、二週間で駆けつけてくれる由。再会を楽しみにしている。

学校で指数関数を習っていたか、どうか。これも定かでない。対数関数が中学一年の数学にあったことは間違いない。計算尺が入口だった。これはx掛けるyの対数がxの対数とyの対数の和になることから、掛け算を長さ（xの対数だけの長さとyの対数だけの長さ）の足し算に帰着させる仕掛けである。結果のわかっている掛け算を計算尺でして、正しい答えが得られることを確かめる。こうして対数に慣れる。これは実験による対数への入門である。

その後、五桁だったかの対数表を持たされて、五・一の対数と五・二の対数から五・一七の対数を近似的に求めるといった内挿法の訓練をも受けていたので、これが島田の定義の手順と共鳴したのだろうか。

いや、違うかもしれない。やはり10^x掛ける10^yが10^{x+y}になるという指数法則を何かの仕方で納得させられて、それから対数に進んだのではなかったか。それが納得できないところに島田の教科書が現われたのだったかもしれない。

この本にかぎらず、旧制高校の教科書は新制の中学・高校生にもよい導きになった。

こうした教科書とは違った強い印象を得たのが秋月康夫『輓近《ばんきん》代数学の展望』である。新書版で灰色の地味な装丁だったが、中は輝いていた。四則演算を許す世界である「体」と掛け算・割り算にかぎった「群」との紹介から、代数的拡大の考えによる作図不可能（角の三等分は定規とコンパスだけではできない）の証明を経て、五次以上の方程式は代数的には解けないことをいうガロア理論に進む。次々に新しい概念と新しい見方が紹介されるので楽に読めたとはいえないが、そこかしこに心を沸き立たせる言葉が配置されていた。

ブレンドが違うけれど、高木貞治『近世数学史談及雑談』（共立出版）も強いコーヒーだった。さらに違うブレンドの近藤洋逸『幾何学思想史』（三一書房）も展望を拓いてくれた。後者のモチーフは、一般相対性理論の数学的な武器である非ユークリッド幾何学が数学の枠内で抽象の精神だけから生まれ得たか、の疑問にある。同じ著者の『数学思想史序説』（三一書房）を手にした日は、書き込みによれば少し後の一九四九年十月だから高校時代に入る。

3　高校生のとき

群やガロア理論について学校の本箱には藤原松三郎『代数学』(内田老鶴圃)があった。行列式を「でてるみなんと」と呼んでいたと記憶している。しかし、踏み込む勇気はでなかった。高木貞治『解析概論』(岩波書店)の方が新しく、周囲からの「読むべし」の呼び声も高かったように思う。でも、微分積分を学んだのは、確か陸軍の士官学校だかの先生が書いた本からだった。計算技術は坂井英太郎『微分積分学』(共立出版)からも学んだ。実は、それらの前に(旧制)中学の上級生の教科書を読んでいる。微積が中学の数学学習の目標のように上級生から言われていたと思う。物理に必要なことは、彼らも言い、『理論物理学講話』をはじめ多くの道標もはっきり示していた。旧制の中学から新制に切り替わった学校だったから、上級生がいたのである。

新制が定着するにつれて中学生気質が変わったのは、上級生から切り離されたせいでもあるのだろう。それだけでなく、彼らを見ていると学年毎に層状に切り離されているように見える。

ある日、書店で坂入俊雄『微分積分学入門』(東海書房)という確か対話体の本を開いて「あ、そうだったのか」と思った記憶がある。次の日に買いにいったら、もうなかったので覚えているのだ。それで、どんな疑問が解けたのかは思い出せない。下村寅太郎『無限論の形成と構造』(弘文堂)の話が頭の中で反響し続けていたことは確かである。自称「不敬虔なる数学的自由思想家」バークリー僧正が dx を「有限な量にもあらず、無にもあらず。切り刻まれた量のお化けだ」といって攻撃したということ、などなど。

『輓近代数学の展望』以下にあげた本は、坂井、坂入のもの以外、再刊されている。雑誌『自然』の、いま見ると一九四八年三月号。中学の最後の月である。石川洋之助こと矢野健太郎の「微分方程式にこけおどされた話」が、「旧聞に属するが」として「飛行機で地上のある一点を爆撃したい。いつ爆弾を放しても命中するような、飛行機の飛び方はあるか、ただし飛行機の速さは一定とする」という問題をあつかっていた。いまなら、どういう形にするのだろう？　そういえば「音を出しながら一定の速さで走る点Mがある。いつ出した音も同時に定点Oに達するのはMがどんな道を通るときか」という問題が坂井卓三『一般力学』にあった。いま、この種の問題は数学演習から姿を消してしまったように思うが、どうだろうか。

翌一九四九年の暮の『自然』には黒田孝郎が「おいたてをくう微積分」を書き、「目先にあらわれるあたらしいものをあさって、教師に売りつける」人たちを強く批判している。巻頭には小谷正雄の「教育の画一を排す」がある。ともに進行中の新制教育への改革に危惧を表明したものだ。その心配がいま現実化しているのでなければ幸いである。教育の効果は遅れて現われるものである。

『自然』は自然科学そのものの論評と同時に教育も論じてきた。東山登「直輸入――新制大学院」（一九五三年二月）は「修士課程は、十分に勉強できない大学の補足課程に化す」と心配した。芳賀穣「理科教育の問題点」（一九五六年三月）は「『学習指導要領』が客観法則の論理的関連を無視し、生徒の思考の発展を不可能にしている」と指摘。野間寛二郎「袋小路の児童科学書」（一九六〇年十二月）はファラデーの「ろうそくの科学」講演から百年という年に書かれ、「今日の日本の少年少女が当時の者より幸福であるか疑問である」としているが、そこに挙げられた児童書は、それぞれ批判されてはいるものの、今日では、その出版活動に感嘆するほかない。すでに児童向け科学書の書評も新聞からさえ姿を消した。いわんや科学雑誌においてをや。当の『自然』もすでにない。

物理の本については、岩波・物理学概説シリーズの芝亀吉『熱学』と谷安正・菅井準一『電磁気学』、そして東西出版社・物理学大系の諸冊にお世話になった。これらに加えて、やや軽い菊池正士『原子物理学』（河出書房）、槌田龍太郎『化学外論』（共立出版）などにも。

当時は、数学の本も、さきの『高等代数学』に続いて東海書房という出版社からたくさんでていた。そのなかで平野次郎著『微分方程式』『変分法序説・級数展開法』が読みやすかった。いま記憶しているのは、前者ではヘヴィサイドの演算子法、後者では汎関数の停留点に対する変分法の解が極小点になる充分条件。いや、その条件は、この本では宿題として残されたので、後々まで気になったということである。後に小松勇作『変分学』で通常提示される条件だけでは、一見充分のようでありながら、実はそうでないという実例に出会った。

微分方程式の物理における役割は説明を要しない。変分原理の重要性を強調していたのは石原純『理論物理学』（三笠書房）である。「運動の法則を、現実の運動それ自身だけで見ず、その否定との関連で見る。これが変分原理であって、物理学の種々の原理がこの形をとり得る」という趣旨だった。つづけて「このことは、自然がすでに弁証法的に解せられる性質を備えていると考えられる」と書かれた意味は「これから見いだされるであろう法則も変分原理の形に書けるはず」ということだと思われた。弁証法は時代の言葉であったから、大学時代まで多くの本を読んでみたが、ついに実質をつかむことはできなかった。変分原理の思考方法としての意義は石原純『物理学概論』（岩波書店）が論じていた。

『理論物理学』はマッハの思惟経済を実用主義と断じて、こう主張した。「我々にとっては全物質現象に関してどこにも事実との矛盾を示さない完全な理論体系を唯一通り求めようという……ことだけに既に異常な困難を冒し、あらゆる苦闘を捧げているのであるから」思惟経済を目標に理論の選択をする余地はない。そして、理論は「決して任意的なものではなく」「客観的実在の機構を示すものである」。

その意味は「最近までは分子原子説の如き仮説と考えられ、マッハのごときも思惟経済の方便と考えていた」という寺田寅彦『物理学序説』の言葉と対比すれば明らかになる。そう、石原の気持はそれでわかるが、いま思えば「そして」の前と後のつながりは論理的ではない。弱い。

物理は客観的実在の機構を示すという立場にたつと、理論が事実を「説明する」という巷間の表現はできなくなるだろう。量子力学が客観的実在に疑問を投げるということに気づかされるのは後のことである。

寺田寅彦といえば、エッセイ「方則について」は、自然界から一部分を切り取ることが物理学の方法であると強調したのだと思う。そして、その方法が可能なのは現実の自然が都合のよい構造をもっているからだと指摘した。切り取りえない部分を無理に切り取ると、外界の影響が偶然性をもたらすことがある。このエッセイは「物理学の方法について」として立論されていたら、よりわかりやすかっただろう。量子力学が自然の「切り取り」を難しくしたことに気づくのも後のことになる。

量子力学では朝永振一郎の教科書第一巻にとりつかれていたのだが、天野 清『量子力学史』を一九四九年の八月に手に入れた。大枚三百円。それが神田の「ぞっき屋」に九十円で出たときの口惜しさ！ そういうことがおこる時代であった。なお、「ぞっき屋」とは見切り品を売る店のことで、『広辞苑』は「殺気屋（そぎや）の転という」としている。武谷三男『量子力学の形成と論理』を買ったのがいつだったか、わからない。ずっと後、大学院も終わってからだったろうか、山内恭彦先生が「あれは良い本だ」と洩らされた。「科学史の本は、あのようでなければいけない」。

やがて量子力学はオアズケにして、受験勉強がはじまる。細江逸記『動詞時制の研究』を読んで、日本語にも仮定法があり、叩き売りが「さあ買った、買った」と叫ぶのはその例だと知った。

4 大学生になって

大学に入って駒場に行ったら『微分方程式』『変分法序説・級数展開法』の平野次郎先生が担任として現われ、意外な再会とでもいった、ある親近感をおぼえた。クラスの何人かでお宅に招んでいただいたこともある。当時はそれが担任の仕事に含まれていたようだ。もの静かな先生で、あまりお話は伺えなかった。

駒場といっても、そろそろ専門に入るので、あまり書くことはないが、菅原正夫先生とセミナーでヒルベルトとコーン・フォッセンの『直観幾何学』を読んだこと、課外に特にお願いして河田敬義先生にクーラントとヒルベルトの『数理物理学の方法』を講義していただいたことを思い出す。

これは、はじめの線形代数の部分くらいで終わってしまったようである。

物理では、碓井恒丸先生のお薦めでスレイターとフランクの『理論物理学入門』を読み、また力学、相対性理論、量子力学の輪講をした。そしてアルバイトをしたと付け加えなければならない。

それで思い出した。当時の駒場寮の食堂では食券が必要で、渡辺 慧『時間』を食券と交換してもらった。その白い装丁の瀟洒《しょうしゃ》な本には「デートということ」という一文があった。この言葉に解説が必要であった時代である。もっとも著者が言いたかったのは「デュルケムは人が会うことから時間が発生したといったが」いま「その逆に時間が化して人の会合となった」ということなのだが。この本も後に再刊された。表紙は黒に変わり、銀のカヴァーがかかっている。

*

最近、中央教育審議会の答申に「高校から大学への例外的飛び級入学」を含めることがきまったと聞く。その背後には「学習は学校で指導を受けてするものだ」という考えがあるにちがいない。しかし、これは間違っている。学習は自分でするものだ。余裕があるなら自分で先に進めばよい。それでは道に迷うこともあって能率がわるい、という人もあるかもしれない。その人には、迷った経験は財産だと答えたい。国は、学生・生徒が自分で先に進みやすいようなインフラ・ストラクチュアをつくることにこそ頭と力を使うべきだ。

近頃の学生たちには、すでに「学習は指導を受けてするものだ」という考えがしみついている。積年の指導の結果だろう。困ったことである。

『ゴム弾性』の頃

統計力学のリーダーであった久保亮五先生が亡くなられたのは一昨年（一九九五年）。几帳面に学年末を見とどけての旅立ちであった。今年の夏になって先生の二十七歳の処女出版が再刊され、いまも評判をよんでいる。『ゴム弾性』（裳華房、一九九六年）である。

初版は、あの敗戦から二年たらずの一九四七年七月にでたのだから、半世紀まえの本だ。それが再刊された。先生御自身もこの本をいとおしみ再刊を希望しておられたと奥様から伺ってのことだったが、ゴム協会会長の西 敏夫東大教授は「今日のゴムの社会でも大いに役立つ」と太鼓判を押した。ぼくは物理としてもおもしろい本だと思っていた。いま、実際に若い人たちからも歓迎されているのを見て喜びにたえない。

ゴムは異常によく伸びる。それでいて伸びっきりにならず、手をはなせば元にもどる。物理の学生には、ゴムの縮む力が温度とともに増し、急に伸ばすと熱くなる（唇にあてるとわかる）のも驚きだ。なぜだろう？

「ゴムは奇妙な物質である」にはじまる本書は、その奇妙さと、表裏をなす有用さとの所以を物理学で解き明かそうとする。当時は、世界的にも研究がはじまってまだ十年、そして戦争で外国の文献が入らなくなった。そのなかで「あれこれ構想をめぐらす著者の姿が如実に文間に現われている」とは、伏見康治先生が再刊に寄せた序文の言である。ゴムを題材にしつつも、本書は物理の考え方をあらわにし、何よりも著者の意気込みを感じさせる。戦争が終わって学問専一に戻ることができた故の熱気でもあろう。

研究は戦争中にはじまっていただろう。ゴムは戦略物資として貴重だった。緒戦で原産地を手に入れた我が国では加硫技術*の開発も急がれていただろうが、本書は物理に集中する。だからこそ「今日でも大いに役立つ」のである。

* ゴムの巨大分子の並びのところどころに硫黄原子で橋をかけ全体を空間的な網のような構造にすること。ゴムに硫黄と反応促進剤と促進助剤としての酸化亜鉛などを混ぜて一五〇度Cくらいまで熱する。

戦争の末期から戦後にかけて学問には厳しい状況が続いた。それは岩波の雑誌『科学』のたたかいからも推察できる。終戦の前年、一九四四年には十一月と十二月が合併号になり、一九四五年には一月から終戦の八月まで休刊、九月号、十月号が出て次は翌年の三月号になった。「八月十五日以来僅かに二ヶ月ばかりを経たに過ぎないけれども」と、その十月号の巻頭言は言う。

「われわれは最初は茫然とし、次いで悲惨な運命に涙をながし更に進駐軍に対して少なからぬ恐怖をいだいた」。このときから『ゴム弾性』刊行まで二年もたっていない。河出書房が（旧制）高校から大学初年級の学生のために企画した「物理学集書」の第一号であった。

戦争中から、ぼくは群馬県にいた。飛行機工場に近い村。この本を知ったのは、書評からだった。引用されていた本書の一節を今でもおぼえている。「Pasteur は言った。〝科学は思想の墓場である〟と。そこには無数の理論の死骸累々たるものがある。しかし、その墓から新しい生命が息吹くこともまたしばしばなのである。本来ならば多くの思想の墓碑の前に立って一々その碑銘を読み上げることも……」。民主主義科学者協会の雑誌『自然科学』一九四八年十月号。評者は水島正喬氏。「一九三五年、ゴムの奇妙な性質が、これまでに知られていた弾性と全くちがう『エントロピー的なもの』であることが初めて確かめられ……」という、この魅惑。エントロピーは神秘をまとう。そして「全くちがう」は、意識下で戦後の発展への希望に結びついていたかもしれない。肝心の『ゴム弾性』は、すぐには手に入らなかった――。

多少の予備知識はあったのだ。それは「ゴム状弾性論の記」がもたらした。「現代物理学大系」全三五巻(東西出版社)刊行という、敗戦砂漠に洪水をおこさんばかりの大事業が一九四八年一月に松井巻之助の手ではじまり、その第二回配本の月報に東大の坂井卓三教授が書かれた随想である。教授御自身もゴムの理論を手がけておられた。

教授はいう。「すてられた一つの糸くずを想像する。足先にかかったり、風に吹きとばされたり……不規則な作用を受けた後、糸は長く伸びているか、くしゃくしゃに縮んでいるか?」ゴムは、たくさんの原子が鎖のようにつながった長い長い分子の集まりである。だから糸くずと同様クシャクシャになりやすい。これがゴムの張力の原因だ。温度を上げると、気体なら――分子たちがより激しく飛びまわる結果として――圧力を増すが、ゴムの分子は――一列に手をつないだ原子たちがそれぞれ勝手に動きまわるため――クシャクシャが甚だしくなってさらに縮まろうとし張力を増す。

長い糸の真直ぐな状態は一つしかないが、クシャクシャでは、あれこれ多くの状態の見分けがつかない。見分けができず一括りにするほかない状態の数（正確には、その対数）がエントロピーにほかならない。だから、エントロピーが増すとゴムの張力は増すといってよいのである。つまり、エントロピー的な力！

坂井先生には、その前から親しみを感じていた。というのは「現代物理学大系」の第一回配本『一般力学』でお世話になっていたからである。「目にみえる雑多な事象が、二三行で書けるニュートンの運動法則に納まってしまう」という序文の一行で引きこまれた。いろんなことを教わったが、自由といおうか、一つの開放感も魅力だった。あるいは時代の反映でもあったろうか。こんなふうである。

力学の問題を解くには、x軸、y軸といって座標系を設定する。この先生は、ある問題を一つの座標系で解きはじめたのに、途中まで計算を進めたところで、こう宣うのだった。「この方針でもちろんよろしいのだが、ここまで考えたらば更に初めに帰って、いっそのこと回る座標系に移ってみようか……」。これが研究というものか、と思った。子どもが生意気なと言われそうだが、戦後はいまと違っていた。ぼくの学校は飛行機工場の近くにあったので、某戦闘機の設計主任だったという人が物理の先生にきてくれた。寺沢寛一『初等力学』の課外授業があった。数学も海軍兵学校だかの先生だった人。スマートな軍服でアイゼンハルトの『微分幾何学』などと吹き込まれ、後に上京したとき早速さがしに行ったりした。

近くに本がなかったわけではない。古本屋には、飛行機工場から流れ出した本がポツポツ。坪井忠二『振動論』は手頃な計算練習になった。その手前の入門には、旧制高校の物理や数学の教科書が役に立った。いま、高等学校の教科書を読もうとする中学生がいるか、どうか。それらは読めばわかるように書かれているか、どうか？

さらに遡る。ぼくを物理に誘ったのは湯川秀樹『理論物理学講話』と菊池正士『物質の構造』だった。敗戦で飛行機の設計技師への夢が破れ、というのは占領軍の総司令部が一九四五年の十一月に航空に関する教育と研究の全面禁止を打ち出したからだが、行く道をさがしているとき、この二冊に出会ったのである。『講話』は二次関数の例で微分や積分の何たるかを教えてくれた。それを仲間たちと三次から四次へと拡張した。ちょうど『講話』の続篇が『科学朝日』に連載されていて、音速の理論やホイヘンスの原理を学んだ。『物質の構造』は理解を越えていたが、量子力学や哲学の謎にひかれて宿題を背負い込んだのである。学校の外では、こうした期限なしの探検ができる。

次のステップになった旧制高校の教科書は、学校の先生からお借りしたのだ。この先生の蔵書にはお世話になった。お宅に伺うと、広くて天井の高い部屋に天井まで届く書棚があり、本で埋まっていた。たとえば、『世界大思想全集』（春秋社）。これでクラウジウスのエントロピーも、プランクのエネルギー保存も、ニュートンもアインシュタインも読むことができたのである。これらは戦後に出た本ではないが、あの頃の方が日本の文化装置はよくそろっていた。踏み台にのって背伸びすれば宝物に手がとどいた。この先生にお借りした本を思い出すにつけ、日本も貧しくなったことよと思わずにはいられない。かつて仲間たちと占領の行く手に思い描いた状況から、これは遠いだろうか？

もう一人、お世話になった先生がいる。お借りした本のなかに芝亀吉『熱学』があり、気体分子の速度分布の導き方に感心した。エネルギーが加え合わさることと、互いに垂直な方向の速度分布が独立なことだけから答えがでてしまうのだ！　そして、その延長線上にゴムの物理もあるのだった。戦争中の飛行機狂は物理狂に変わっていた。英語の勉強も物理の本でしたいといって貸していただいたのはボルンの *Atomic Physics* だった。この先生にある質問をしたところ、母校のO教授のところに連れていってくださった。東京の電車が大変なスピードでホームに入ってくるのに驚いたことを思い出す。

O教授は、こうおっしゃった。「君の質問のような難しいことを考えるのは、まだ早い。理論物理に進みたいなら、まず論理的に考える力を養う必要がある。それには熱力学を勉強するのがよい」。教授には、こう訊ねたのである。「ゼーマン効果でエネルギー準位が動くのはなぜですか――磁場は荷電粒子にも仕事をしないはずではないでしょうか？」

村に帰り近くの町の本屋に走って出会ったのが、再び坂井卓三先生。『熱力学の基礎』（誠文堂新光社）である。薄い本だったが、熱力学の第二法則のさまざまの言い表わしと、それらの同等性の証明が特につよく印象に残った。この本には、先生に質問を送ってお返事をいただくというオマケがついた。いま見れば他愛のない質問である。学校には藤村信次『熱力学』があり、話題が豊富だった。というより輻射の熱力学が朝永振一郎『量子力学(1)』（「現代物理学大系」第二回配本、東西出版社、一九四八年）と共通だったからひかれたのだろう。何やら偉そうだが、実は『量子力学(1)』の積分ができなくて数学の先生に助けをもとめたりした。ついに受験勉強の時期がきて「しばらくお預け」と裏表紙に書くことにもなった。

それはとにかく、これらの本は、いま思うと専門書とは一味ちがう。こうした熱のこもった入門書が、かつてはいくつもあった。『ゴム弾性』もその一つである。この小稿の執筆に誘ってくれた編集者によると、遠山啓『無限と連続』(岩波新書、一九五二年)あたりが転機だという。その翌年に旧制大学の最後の卒業生が出た。

あの頃は、思うに書物が入門から高みまで階段をなしていた。いまは、それがない。学校がすべてのようになって生徒が自ら階段を試みる余裕がもてないでいるのか、階段を構想できる出版社がなくなったのか? 大学の入学試験という声もするが、批判の多くは偏差値の一つおぼえである。それに乗った施策が教育を荒廃させてきたことこそ見る必要がある。

ここで、ぼくは社会の学問温度ということを考える。学問に対する社会の関心と評価の高さである。それが社会に漬かっている若者たちの視野を狭くも広くもする。かつては国語の教科書にも科学の話題を入れた。それを読んで望遠鏡をつくって星に向けた子どももいた。いまの国語の教科書は知らないが、学校は早い時期から文科だ理科だと垣根を立てている。

また、たとえば、科学雑誌。『自然』(中央公論社)という雑誌が一九四六年に創刊された。目次を印刷する場所さえ惜しむような紙数の出発だったが、元気のよい論説と研究室が隣にあるような解説で若者を引き込んだ。たとえば、湯川秀樹先生の「観測の理論」は一九四七年十一月号からの連載だが、同年十月発行の『量子力学序説』(弘文堂)の「叙述が種々の点で不十分であったので」はじめられた。こうした連繋プレーが今日も可能であろうか? この連載には編集者の長い注解がついた。それは熱情的なもので、連載の結びに著者もこう注解することになった。「何しろ複雑微妙な観測の問題のことであるから、筆者の考えと注解者の考えとの間に完全な一致があったとはいえないが、多少ずつ違った見解が存在しうることを読者が知るのもまた有益であったろう」。これを通学の駅から歩く三キロの距離にも読んだ。いまと違って時間はゆっくりと進んでいた。

伏見康治先生が『自然』の第二号から連載された「原子物理シリーズ」は視点が常に新鮮だった。「量子力学では速度より運動量の方が基本的だ」といった一言も若者は胸に刻む。「エネルギー準位がとびとびになるのは、不確定をもつエネルギー値を相互に区別可能とするためである」という説明には悩まされた。それは「不確定性関係だけから、量子力学の基本的特徴は全部導き出せるはずだ」という主張の具体化の由で、このような問題が立てられること自体が印象的だったし、その上「強弁した責任を誌上を借りて果たす」という付記があり、諸先生が愉快な一夕を過ごしたときの弁というところに学問の世界を覗く思いがした。

小谷正雄先生は「教育の画一を排す」と題して「世界文化に貢献し得るためには平均を高く抜きんでた人材の養成が必要」と論じた。新制度への転換当時の危惧であるが、今日の教育学の権威に噛みしめて欲しい。『自然』(1)の記憶は枚挙にいとまがない。長い間に散逸した号もあり、いつか再会したいものと思う。

雑誌『自然科学』や『科学』には既に触れた。こうした雑誌によっても社会の学問温度が学校の中まで伝わり、仲間同士の議論を誘った。

また『基礎科学』(弘文堂)、一九四七年十月の創刊号を飾った朝永振一郎「量子力学的世界像(2)」

は四百字詰め原稿用紙にすれば七二枚におよぶ。これを印刷に付す雑誌があったことも当時の社会の学問温度を示すといえよう。この労作は、今も読まれ日本の物理の貴重な財産になっている。同じ号の藤岡由夫「保存ということ」からは力学的エネルギー保存の証明法を学んだ。証明をさがしもとめていたのである。ぼくの物理も数学も、教科書から系統的に学んだというより、断片を仕入れてジグソー・パズルのように自己流に組み立てていった部分が大きい。テンソルの納得できる定義をしてくれたのが電磁気学の本だったという具合。テンソルというものがあるそうだ、ということは学校でも話題になっていたのだ。いま、つい本など書きたがるのは、あの頃ジグソー・パズルの楽しみが身に染みついたせいだろう。いまだにパズルが解けきれていないせいでもある。

『ゴム弾性』の頃、苦しいなかで諸雑誌が創刊され、また「物理学集書」や「現代物理学大系」が出発した。いま触れ得なかった本やシリーズも多い。そこに社会の学問温度を高めようとする当時の先生方と出版社の強い意志を見る思いがする。

注

（1） 二〇〇一年の追記。その『自然』は一九八四年五月号をもって突然、休刊を宣し、未だに復刊していない。

（2） 朝永振一郎『量子力学と私』（岩波文庫、一九九七年）に所収。

科学の総合誌を待望する

「日本の新聞が科学を大きく扱うようになった。十年前と比べたら、その量は雲泥の差であろう。では、その質は、と記者の皆さんに問えば、「専門的な注文をしないで下さい、読者に最大限理解できるように書いているのですから」とおっしゃるだろう。結構。たいへん民主的です。しかし、しかし、……

ジャーナリズムの階層

いつからか、日本の出版は、ほぼ一様に最大多数の要求だけに焦点を合わせるようになったようだ。読者の読み方も、それに慣らされて変わってしまった。どちらも問題だ、とぼくは思う。いかがでしょうか。

新聞を例にとれば、日本には『ニューヨーク・タイムズ』があり地域新聞があるという構造はない。では、『ニューヨーク・タイムズ』に日本の大新聞はひけをとらないか。あの圧倒的な書評特集とわれわれの読む書評を比べたら、どうか。

科学雑誌でいっても、一国には多くの種類の雑誌があって階層をなすべきものと思う。出版人はこの構造を常に考えていて欲しい。

かつては、わが国にも幼年層のための絵本から『子供の科学』『科学朝日』『自然』『科学』といった階層が整い、中段が社会の広い層を受けとめていた。ぼくが中学生だった頃には『基礎科学』や民主主義科学者協会の『自然科学』などもあって科学雑誌は豊富でエネルギーに満ちていた。学校の中よりも外で多くを学んだ。学校の教科書に何が書いてあったか記憶はないが、雑誌の内容の多くを今でも明瞭に思い出す。

やがて、教育が商売になったせいか、その筋から教科書さえ勉強していればよいという声がかかる時代になった。そして教科書は絵本になった。すべてが学校中心に回転するようになった。これは個性の尊重と両立しない。

考える楽しみ

一九八四年の五月号を最後に休刊となっている『自然』を「解説雑誌」と規定した人があり、言い得て妙と感心した。いや、考えてみれば、解説にもいろいろある。読者としての感触からいうと、『自然』の書き手にとって解説することは考える楽しみだったのではないか。

この雑誌は横から科学を観察するのでなく、当事者として考えるという姿勢をとり、読者をも巻き込んで当事者らしく思わせてしまう力をもっていたように思う。これが最近の、マス指向となった科学雑誌と違う点の一つである。

あるいは当時の時代精神でもあろうか。一九四七年十月に始まる『基礎科学』の創刊の辞も言う。

科学は今日極度に分化し、専門化した。科学の根本問題の所在を示し、全科学者ならびに知識人の相互的協力の機会と機運とを形成したい。

ジャーナリズムとは日々の事件の報告・解説・批評だという。とりわけ科学においては解説の必要が大きい。それを日々のことにとどめるか、歴史的展望に立つ位置づけ、方法的な位置づけから将来への展望まで含めるか。ぼくは、皆さんに、これらと、そこから発する鋭い批評を期待したい。

わかる

解説は読者にわかってもらうことをめざす。これは当然のようだが、近頃「わかる」「おもしろい」という言葉がテレヴィ的に変質している。

科学において「わかる」とは「わからなくなること」だと、ぼくは思っている。すなわち新しい問題に気づくことである。それには読者もハードな思考の持続をともにしなければなるまい。それを「おもしろい」と思う読者は多くはないだろうが、いないはずはない。

学問地図

高校生が理系だ文系だといって、入れ物に従って当然のことのように自らを仕分けする。まだ早い、可哀そうにと思って見ていた。ところが、今度は文部省制定の『学習指導要領』の改訂（一九九四年から二〇〇二年まで）で、総合理科または物理、化学、生物、地学の理科四科目のうちから四単位をとればよくなった。生徒の個性を尊重しての措置だという。*

＊　二〇〇三年から実施される『指導要領』では、基礎理科、理科総合A、Bのうち一つ以上を含む二科目、四単位が理科の必修となる。

この「個性」という言葉も、教育界では安手に変質してしまった。だから、偏食が許されると受け取って喜ぶ生徒が出てもおかしくない。事実、高校生の二〇％しか物理を学ばなくなっている。物理をきらって化学を選ぶ個性など本来なりたちえないが、それを見抜くには彼らは幼く育てられている。これが科学ジャーナリズムの受け手の現実である。

彼らには、物理と化学が互いに支えあい、生物学も地学も物理と化学なしには成り立たないという学問地図をくりかえし見せなければならない。

それは学校の中には期待できまい。新しい選択制が科学をバラバラにする以前から、生物は一年生のとき、二年で化学、三年で物理といった直列型・相互参照なしの教育が行なわれてきた。では、学校の外に何があるか？　雑誌『パリティ』は物理、『化学と教育』は化学。なんと、専門化している。『日経サイエンス』は総合誌であるが、若者が没入するには当事者意識に欠ける。おそらく、社会人を対象に選んで編集しているのだろう。

意欲的な高校生のための科学の総合雑誌が必要である。ぼくは『自然』を愛読した。今それがあったら、と切に思う。ジャーナリストの皆さん、考えて下さい。

日本の科学

『自然』が休刊したとき、たまたまフランスにいて友人に科学雑誌は翻訳だけになると言った。そのフランス人のいわく、「自分の国の科学政策を論じ合う場はどうなるの」。

いま、日本の科学者で自分の国の科学政策、教育政策がどこで、どのような人物により、どのようにして決定されているかを知っている人はどれだけいるだろうか？　学術審議会、科学技術会議、また教育審議会。そして学術会議の力は？

アメリカ科学振興協会（ＡＡＡＳ）の『サイエンス』のような雑誌は日本にはない。強いていえば『学術月報』だろうが、これも批判を受けるべき側が出している雑誌だ。ジャーナリストの皆さんはこれでよいとお考えだろうか？　ここでも科学者の当事者意識にもとづく主体的な論議の場を、諸科学を横断し（関心の強い）一般読者にも開かれた形でつくる必要がある。問題は国の内外に山積している。翻訳でない総合誌を要求するものは科学政策に限らない。いま各大学は優れた若者を呼び集めるべく色彩豊かなＰＲパンフレットをつくり、最新の設備、優秀な教授陣などと謳い上げている。こんなことで大学の内容が表現できるはずがない。これは、やはり科学雑誌への通常の寄稿から高校生が読みとるべきものと思う。自己評価も盛んなようにみえるし招待外国人による評価まで行なわれている。これらをどう御覧になりますか。

最近の大学の変容、特に大学院の大衆化、図書館がアルカイヴ（図書保存所）から貸本屋に変わったこと、テレヴィの影響、それらに伴う本の読み方の変化など問題はたくさんある。科学ジャーナリズムに元気になっていただかねばならない。

事始讃——紀元元年の読者から

思い出すことは、たくさんある。

この『自然』(中央公論社)に初めて出会ったのは、一九四七年、というよりは敗戦後二年めである。玉虫文一先生の「光と化学反応」を新しい世界を覗き見る思いで読んだ。光が原子を励起して化学的に活性にするということも驚きだったが、光が光子とかいうエネルギーの塊であって、それがまた一度に一個しか原子に吸収されないというのは奇妙に感じられた。二個いっしょに吸収したってよさそうなものなのにと思ったのだ。

数えてみると、あれは中学三年のときになる。現在の中学生なら、きっと、原子のことも光子のこともよく知っているだろう。当時の中学で原子のことを習ったかどうか? 化学反応式のようなことのほか習わなかったように思う。それでも新制中学に切り替えになって配られた理科の教科書は新鮮であった。

ぼくたちの世代には敗戦の年が紀元元年であるような、そんな感じが共通してあるのではないかと思う。共産党が進駐軍を解放軍と規定したなどということは後になってから聞いたことで、中学生は中学生の世界にいたわけだが、そこにも新しい出発という気分はみなぎっていたのだ。

「光と化学反応」に感激して『自然』の読者になった、という話のつもりが、思わず脇道にそれてしまった。しかし、もう少し続けさせていただきたい。もちろん、新しい時代の息吹きを一中学生の胸に吹き込む媒体の一つで『自然』はあったのである。

いろんなことが新しい実験として、ぼくたちの前にたち現われた。大は非武装中立をうたった新憲法から小は週五日制の授業まで、旧制中学で四—五年間にずっと配分してあった「物象」の授業を一週間の授業時間を増して一年間の「物理」に集中するといった新方式も、ぼくらはぼくらなりに理屈をつけてから受け取ったと思う。

こんなこともあった。英文解釈の時間である。たしか高校一年のときだ。教師が関係代名詞whichを、後から返って「……するところの」と訳すことにぼくらは反対した。文章は前から順に読むものだ、そんなギクシャク読みが何の役に立つ？　教師に指名されて解釈するとき、ぼくらは「自然な」順序に訳したものだ。ぼくたちは、これを平和憲法と同じレヴェルの実験と感じていたのだと思う。

やはり英語の時間に、教師に向かって「そこに坐っていてください。授業はぼくらでやりますから」といって実験を試みたことも思い出す。いまでいう自主授業だが、とりたてて先生の不興をかうことがなかったのも紀元元年のおかげだったろう。でもこれは結局、失敗に終わった。

あるいは、こういうことは若いときには誰でも試みることであるのかもしれない。ぼくたちは、紀元元年の熱気にうかされてやったように思っているのだけれども、ことによると、今の中学生・高校生も同じような気持でいるのかもしれない。そうだったら、うれしい。

*

『自然』のお世話になった思い出もある。

理科の時間、これは中学三年「空の星と私たち」のときだったろう。その第一時間めに「月世界旅行を材料に何でもいいから書いてこい。物理でもいいし小説でもいい」という宿題がでたのである。今は中国語学の研究でプリンストンにいるH君は大ロマンを書いたと言っていた。ぼくは――ロケットで月に行けるものかどうか、それがまず問題だと思った。理由はこうである。少しの燃料では月まで行けないにきまっている。そこで燃料を増やす、そうすると、その燃料を積んだだけロケットは重くなるから、月まで行くには、さらに余分の燃料がいるようになるではないか!

ちょうど『自然』に根上四郎という先生のロケットの話がのっていて、そのなかに、いろいろの燃料の発熱量の表があった。しかし、何カロリーあったら月に行けるのだろう?

地球の引力が$f=\gamma\frac{mM}{r^2}$という式で表わされることは知っていたし。エネルギー保存則のことも知っていた。そういうことは湯川秀樹先生の『理論物理学講話』から学んだのだったと思うが、しかし、その引力のポテンシャルがどうすれば求まるのか、これがわからなかったのである。

学校に行く汽車の駅まで家から歩いて三〇―四〇分の道のりであった。バスがなかったわけではなかったが、一時間に一本だったから、いっそ歩いた方が早い場合も多かったのだ。道の両側には高射機関砲陣地の残骸が残っていた。その道を引力に抗してすべき仕事の計算法を考え何日も往復したのがなつかしい。なんとか、また、そういう生活に戻る手はないものか? 今日このごろはあわただしいばかりで、結局、なんの進歩もしていない。

そんなふうにしてついに答えに達したときの嬉しさをつい後輩たちに伝えたくなって、教科書を書く立場になったいま、余計な材料を増やしては叱られている。そういえば、これは少し後に朝永先生の『量子力学(1)』(当時は東西出版社、一九四九年)に出会ってからのことになるが、加速度をもつ電荷からの輻射エネルギーの式を導き出したくて、ずいぶん長い間考えた。なにしろこの式によると、原子が10^{-10}秒くらいの間に潰れてしまうというのだから、これは大変な式なのだ。わかってみれば、これは次元解析でも出ることであったが、これも高校の教科書に入れて叱られていることの一つである。

教育者先生は二言めにはむずかしい、生徒には無理だとおっしゃる。学校のようにたくさんの生徒を一括して教え、しかも、どの生徒にも一応のことを授けなければということなら、それもわからないではない。

学校の授業は試験だとか単位だとかの強制装置を伴って行なわれるが、その点でも、雑誌は気楽である。そして、科学には相手を気楽な状態におかなければ伝えられないような面もあると思うのだが、どうであろうか?

こう書いてきて思い出すのは、といっては著者にいくぶん申しわけないけれど、かつて『自然』に三回にわたって連載された湯川秀樹先生の「観測の理論」である。幼い読者として、ぼくがこの「観測の理論」をよく理解できたはずもないが――いまでも量子力学における観測というやつは、どうもわからない――編集者の注解も含めて、これは大いに刺激的であった。物理学というものの一つの雰囲気に触れた思いがしたのである。例の道をむさぼり読みながら歩いたときのことを今でもありありと思い出すことができる。一般に、雑誌の解説記事というものは読者の向学心を刺激することができたら、それで九分どおり成功したとしてよいのではないか？

その場合、むずかしいとかむずかしくないとかがどれだけ重要な因子であるか、疑問だと思う。編集者は「やさしく」「やさしく」とおっしゃるけれども、やさしく書けないことだってあると開き直りたい気になることもある。微視的には難解な点があっても巨視的に見て著者の世界観なり物理学観なりが滲み出ていれば、それは読者に伝わらないではいないだろう。

『自然』にかぎらず、最近の科学雑誌の解説は、そういう意味で矮小化してきたと思うが、どうだろうか。本当は、この機会にもっと実証的にこの点を検討してみたいと思ったのだったが、いざ、そのつもりでいくつかの解説を読み比べてみても、これは、そう容易に果たせる仕事ではなかった。昔と今とに差があると思ったのは錯覚かもしれない。読者としてのぼくのほうが、昔の感受性を失ってしまったのかもしれないと思う。しかし、一方、科学運動の退潮ということが物理学観の退潮として科学雑誌の記事に反映しないはずもあるまいと思われる。そういえば、敗戦直後のあのころは科学雑誌の隆盛時代だった。三八種だか出ていたときがあるということだ。『基礎科学』というのがあったし、民主主義科学者協会は『自然科学』というのを出していた。いずれも風格のある雑誌だった。「無限というのは unendlich のことで、決して endlos ということではない」の一句は前者で読んだのだったか、それとも下村寅太郎先生の『無限論の形成と構造』（弘文堂、一九四七年）だったか。なんとなく意味ありげに思えて反芻しているうちに脳裏に刻印ができてしまった。武谷

三男先生と渡辺 慧先生のいわゆる〝漫才〟もなつかしい。そういえば渡辺先生の『時間』という本は駒場の寮にいたとき「食券」と交換した。そんなことも思い出す。そして、最近こういう本もでなくなったなと思うのである。

「数式を入れないで……」というのも、よく聞く編集者の言葉である。伏見康治先生の「原子物理シリーズ」のなかの「連続の中の不連続」と「不確定算術」だったか、数式の運用という意味でも楽しんだと思う。使われていたのは結局、算術平均は幾何平均より大なりということくらいだったのだが……。石川洋之助(＝矢野健太郎)先生の「微分方程式にこけおどされた話」なども、いまにして思えば特別の内容はなかったといえるが、読んだ当時は——微分方程式のことを手探りしていたので——愉快だった。古いノートを見ると調和振動子の運動方程式のいろいろな解法を集めて楽しんだ跡がある。こんなことも時には記事になってよいのではないか。

一般化すると、こういうことになる。たとえばの話だが、ある人が先の輻射の公式のおもしろい導き方を発見したとしよう。こうした小発見を公表する場は、わが国にあるだろうか？ むかし岩波書店の『科学』の寄書の欄がこれに似た役割をしていたと思うが、その筆者たちが偉くなるとともに、その性格が変わってしまった。

『自然』*で、そんな欄を始めてみたらどうであろうか？ それとも編集部は数式をどうしても嫌うだろうか？

＊ その『自然』は一九八四年五月に突然、休刊を宣して未だに復刊していない。

注

(1) R. P. Feynman, "*Surely You're Joking, Mr. Feynman!*", as told to R. Leighton, Norton, 1985, p. 116.

(2) R. P. ファインマン『ご冗談でしょう，ファインマンさん』Ⅰ，大貫昌子訳，岩波書店，1986年，173ページ。のちに岩波現代文庫にも収録(2000年)。

(3) R. Feynman, "*Sie belieben wohl zu scherzen, Mr. Feynman!*", Aus dem Amerikanischen von Hans-Joachim Metzger, Piper Müchen Zürich, 1991, S. 153.

(4) R. P. ファインマン『物理法則はいかにして発見されたか』江沢 洋訳，岩波現代文庫，2001年。

(5) C. C. ギリスピー『科学思想の歴史――ガリレオからアインシュタインまで』島尾永康訳，みすず書房，1965年，改版1971年，P. Speziali, Ed. par C. P. Enz, *Physica Genevensis, La vie et l'œuvre de 33 physiciens genevois, 1546-1953,* Georg, 1997.

(6) 吉岡修一郎『数のユーモア』『数のロマンス』など８冊が「数のライブラリー」としての再刊された。学生社，1977年。

興味ぶかい数を集めたというものではないが，国元東九郎『算数の先生』(少年少女科学名著全集３，国土社，1964年）も数に飢えた子どもたちに喜ばれるだろう。

(7) R. P. ファインマン「未来の計算機」『数学セミナー』1986年１月号。『ファインマンさん ベストエッセイ』(大貫昌子・江沢 洋訳，岩波書店，2001年）にも収録。

学習院大学で講演するファインマン（1985年）[7]

$$10^2 f = \frac{1000}{8991} = 0.111222333\cdots$$

が得られる。しかし，これでは規則が見え見えでおもしろみがない。でも，これだって，頭の1をはずして「112」，「223」というパターンと見ることもできる。そこはファインマン先生の例と同じである。そういえば，「122」，「233」，…とも見られる。図にのって，こう続けると「当たり前だ」という声が聞こえてきそうである。

このへんで退散するとしよう。冗談の解読という野暮な一席——。

やはり，先生の$\frac{1}{243}$は最もキュートな例だったのだろうか？

となる。

ファインマン先生の例のように $a_0=411$ にとれば

$$10^2 f=\frac{9\times411+1}{3^5\times37}=\frac{3700}{3^5\times37}$$

となり

$$f=\frac{1}{3^5}=\frac{1}{243}$$

のように，先生のキュートな分数が再現される。

しかし，a_0 は 3 桁以内なら別の値にしてもよい。いま，簡単な分数をめざして(1)の最右辺の分子を，分母の素因数の 1 つ 37 の倍数にすることを試みよう。それは，可能である。

$9a_0+1=37$ とおくと，ちょうど $a_0=4$ になり，$10^2 f=\frac{1}{3^5}$ となって

$$f=\frac{1}{24300}=0.0000411522633\cdots$$

が得られる。また，$9a_0+1=37\times10$，すなわち $a_0=41$ にとれば，$f=\frac{1}{24300}$ で，これも同工異曲だ。

だからといって，(1)の最右辺の分子 $9a_0+1$ を——分母の素因数 3 をとりこんで——37×3^p（$p=1, 2, \cdots, 5$）の倍数にすることはできない。a_0 が 3 桁に収まらなくなるからである。

411522633… が 4 から始まるのは気に入らないという向きがあれば，$a_0=111$ にとろうか。そうすると，(1)は

$$10^2 f=\frac{10^3}{3^5\times37}$$

を与える。すなわち

$$10^5 f = a_0 + 10^{-3} a_1 + \cdots + 10^{-3n} a_n + \cdots$$

と書けば，キュートな規則性は

$$a_{n+1} - a_n = 111$$

に帰する。したがって――ファインマンの例では $a_0 = 411$ だが

$$a_n = a_0 + 111n \quad (n = 0,\ 1,\ 2,\ \cdots)$$

となる。故に

$$10^5 f = \sum_{n=0}^{\infty} 10^{-3n} (a_0 + 111n).$$

等比級数の和の公式

$$\sum_{n=0}^{\infty} r^n = \frac{1}{1-r} \quad (|r| < 1)$$

および，その両辺を r で微分して r 倍した式

$$\sum_{n=0}^{\infty} n r^n = \frac{r}{(1-r)^2}$$

を使えば

$$10^5 f = a_0 \frac{1}{1-10^{-3}} + 111 \frac{10^{-3}}{(1-10^{-3})^2}$$

が得られる。すなわち

$$10^5 f = \left(\frac{a_0}{999} + \frac{111}{999^2} \right) \times 10^3$$

であって

$$10^2 f = \frac{999 a_0 + 111}{999^2} = \frac{9 a_0 + 1}{3^5 \times 37} \tag{1}$$

俗語ではcockeyedの意味になる，と読んでよいのだろうか。それとも，アメリカの俗語にいうcockeyedの意味もある，と読むべきか？

ところで，ファインマン先生は，どうやって$\frac{1}{243}$を見つけたのだろう？　計算機で遊んでいるうちに偶然みつけたように言っているが，ご冗談でしょう!?　かつて先生の別の本(4)を訳したとき，先生の豊かな，自由な想像力に感嘆したのだが，やがて先生は物理の歴史をはじめたくさんの本を読んでいるにちがいないと思うようになった。万有引力は宇宙を飛び交う粒子たちの衝突によっておこるという説明なども，はじめは先生のオリジナルかと思って感心して読んだ。しかし，実はジュネーヴの人ル・サージュ（Georges-Louis Le Sage, 1724-1823）の説であった(5)。

日本にも興味ぶかい「数」を集めた本がある。いや，あったというべきか？(6)　そのどれかに，$\frac{1}{243}$や仲間たちのことが載っていないものだろうか？

それより，小数に直したとき$\frac{1}{243}$のようにキュートな規則性をあらわす分数は他にもあるだろうか？　そこまで考えないと，ファインマンを楽しんだことにはならないように思われる。

いま，ファインマン先生の

$$f = 0.004115226337448 55\cdots$$

を10^5倍した上で3桁ずつ区切って

$$10^5 f = 411 + (522\times 10^{-3}) + (633\times 10^{-6}) + \cdots$$

と書いてみよう。これを

も楽しめないことになる。

『御冗談でしょう』を訳した大貫昌子さん(2)も割り算をしてみたらしい。というのは，cockeyedのところを，こう解釈しているからだ：

559のあと繰り上げをやっているときは，そのパターンが少し崩れるが……。

いや，繰り上げに気づけばパターンは崩れていないのである。448の次は559だった。つまり，440＋8の次は550＋9だった。その次には660＋10がくるべきだ。確かに，670がきている――繰り上がりがおこって66が67になった。その次は770＋11＝781である。その次は880＋12＝892と思うと，おやっ，893がきている。いよいよcockeyedか？　そうではない。その次に990＋13＝1003がきて，頭の1が892の尻尾に繰り上がったのだ！

翻訳に触れたついでに，ドイツ語訳(3)を見ておこう。cockeyedのところは，こう解釈している：

Wenn man die Division weiterführt, wird es nach 599 ein bisschen schief,….

原書のwhen you're carryingの後にDivisionを補って読んでいる。

なお，schiefは「斜め」を思わせるが，独英辞典を引いてみたら（s）cockeyedも載っていたので感心した。ドイツ語と米語がここまで親密であるとは！　（s）は俗語の意味だろう。ドイツのてみよう。これには，「雄鶏の目のような」の後に「slightly crazy, confused, wrong, incomprehensible」とある。そして，おつな例文が載っている。

In this *cockeyed* realm of matter where temperatures are close to absolutely zero, tough steel turns brittle, rubber loses its elasticity, and a kind of liquid helium runs straight up.

なるほど，理科ばなれしていると，辞書を引いて単語の感じをつかむこともできなくなるわけだ。

それはともかく，559がわからなくては，ファインマンのおもしろさ半減である。先生は，御親切に0.004115226337…と7まで書いている。そのおかげで，最初の4をはずして「115」，「226」，「337」と読むことができる。これもキュートな規則性だ。そして「448」といけば，次に「559」がくるではないか！

では，その次は？

割り算をやってみた。「1を243で割れ」と先生は言っているので

$$\frac{1}{243}$$
$$=0.004115226337448559670781893004115\cdots$$

となる。670から cockeyed になるが，やがて115に戻って repeats itself nicely だ。この計算をポケコンでするには，ちょっと工夫がいるだろう。時代の先端を走って割り算ばなれしたら「冗談」

冗談の解読

『ご冗談でしょう，ファインマンさん』という愉快な本がある[1]。そのなかの一節である。

> If you take 1 divided by 243, you get 0.004115226337···. It's quite cute : It goes a little cockeyed after 559 when you're carrying but it soon straighten itself out and repeats itself nicely.

その前後の語り口がおもしろいから，つい読み過ごす向きも多いだろう。でも，「おや，559とは？」と立ち止まる読者もいるにちがいない。ファインマン先生の書いた0.00411…のなかに559という数字はないからだ。

0.00411522633…は「411」，「522」，「633」，…という数字の並びからできている。キュートな規則性だ。しかし，これから559は出てこない。

cockeyedになるのは559の後だというのだから，そこまでは規則的なはずだ。

そう，そう，cockeyedとは何か？「雄鶏のように赤い目をしている」だろう，と思って英和辞典を引くと「(俗) 歪んだ，斜めの，酔った」とある。「酔った」はわかる。雄鶏の目は斜めで，歪んでいただろうか？　念のために『ウェブスター』を引い

高校生・中学生にすすめたい本

高校生・中学生にすすめたい本を二十冊ほど選んで、それぞれに短い批評を加えよ、というのが、本書を編集してくれた新曜社の渦岡謙一さんの注文である。

新旧とりまぜて選んでみたが、「甘い」本ばかりというわけにはいかなかった。これらを、すべて読んで欲しいとはいわない。これらのうち何冊かをおもしろいと言ってくれる高校生・中学生はいるにちがいないと思う。

物　理

湯川秀樹『理論物理学を語る』江沢 洋編、日本評論社、一九九七年

これは、一九四六年に『理論物理学講話』として出た本の文字遣いを今様に調整し、「注」を中学・高校の教育の変化に合わせて調整した上の再刊である。

やさしい理論物理学入門である。ただし、「運動と力について」と「仕事と熱について」だけ。これに続く『続・理論物理学を語る』はまだ再刊されていない。

ぼくは中学時代にこの本を読んで物理に進む決心をしたのだ。そのことは、本書のなかで何回か

述べた。

「物理学は、どんな学問か」と著者は問い、「物理学で取り扱う『自然現象』とはいったい何であるかを問題にしてみる」という。「自然とはいろいろな物の集まりであると考えられる。何はともあれ、そこに何か物があるのである。物がそこにあるということは、ある場所を占有しているということに他ならぬ。すると物がなくても、物によって占めらるべき場所、すなわち空間なるものが在るべきである」と考えを進めて、著者は「こんなふうに考えてくると、われわれは物と空間の対立を一応認めなければならなくなる。この辺に物理学への入口が一つありそうである」という。

このくらい、ゆったりと話が進んでゆく。空間における物の位置をどう表わすか、物の速度とは何か、加速度とは何かと進んで——ここでは微分や積分もゆったりと説明され——運動の法則にいたる。いや、まだまだ先があるが、中学生でも十分に楽しめる本である。

江沢 洋『物理は自由だ1 力学』日本評論社、一九九二年
自分の本で恐縮だが、湯川先生の『理論物理学を語る』を読んで物理にもっと深入りしたくなったら読んでください。これも、ゆったりと進む。太陽のまわりを惑星が楕円軌道を描いて回ることの理解を目標に、その途中で疑問がおこれば立ち止まって考え、また疑問がおこれば考えるということをしながら、進んでゆく。読み終わったときには、力学が——惑星の運動にかぎらず——かなりよくわかっているはずである。

G・ガモフ『不思議の国のトムキンス』ガモフ全集1、伏見康治・山崎純平訳、白楊社、一九五〇

年

原書は一九三六年刊。最近、改訂されたから、日本語訳も新しくなっているかもしれない。ここには、ぼくの持っている版をあげておく。

ガモフは、宇宙がビッグ・バンに始まったとして宇宙のマイクロ波背景輻射の存在を予言し、元素の起源を論じた物理学者である。そのほか量子力学のトンネル効果を発見して放射能の理解に導くなど、多くの業績がある。

そのガモフが「科学空想物語ともいうべきもの――SFではありません――を書いて、宇宙の湾曲と膨張という科学理論を一般人向けに解説してみようと思いました」というのである。物語は「現実におこる相対論的現象をひどく誇張して」「平凡な銀行員トムキンス氏にも容易に観察できるようにする」というアイデアで展開される。こんなふうに――小さな隕石が教授の手にした手帳を突き飛ばしたのです。手帳は見る見るうちに遠ざかり大空はるかに飛んで行きました。「もう二度とご覧になれないでしょうね」とトムキンス氏がいうと、「いやいや」と教授は答えました。「間もなく、われわれの空間が無限に広がっているのではないことがわかるだろう」。

「手帳を手からもぎとられる寸前、計算し終えたところによると、この空間は直径がわずかに十キロメートルくらいしかない。もっとも急激に膨張しているがね。手帳は半時間も経たぬうちに戻ってくるだろうよ」。トムキンス氏は双眼鏡を目に当てました。しばらくしてから、大声で「あなたの手帳は帰ってきます。だんだん大きく見えてきました」と叫びました。「いや、まだ遠ざかっているのだ」と教授。「君が地球の表面のような曲がった空間にいるとして、光が子午線に沿って進むとすれば、まあ仮に君が一方の極にいるとして、きみから遠ざかってゆく人は赤道を越えるまではだんだん小さく見える一方だ。しかし、赤道を越えると、しだいに大きくなって、帰ってでもくるかのように見えるだろう」。ガモフ全集には、量子の世界を描いた『原子の世界のトムキンス』をはじめ、おもしろい本がたくさんある。

R・P・ファインマン『物理法則はいかにして発見されたか』江沢 洋訳、岩波現代文庫、二〇〇一年

車Bの両端でそれぞれ何か事件がおこったものとします。一人の男が車の中央に立っていて、二つの事件は同時だったと主張します。二つの事件の時それぞれ発せられた光が同時に彼の目に入ったからです。Bに対して一定の速さで動いている車Aに乗った男には、それらの事件は同時には見えません。

これは空間座標の場合と非常によく似ています。私が、あなたがたの方に向いて立ちますと、このステージの両端は私の左右に見える。x座標が同じなのです。y座標はもちろんちがいます。さて、私が回って横向きになりますと、さきほど左右に見えた壁が今度は前後にきます。新しい座標系ではx'がちがうことになる。

どうです。よく似ているでしょう。そこで、空間の回転に加えて時間―空間の回転を考えるようになったのです。通俗書には「空間に時間を加えるのは、『どこで』をいうのと一緒に『いつ』をいう必要があるからだ」なんて書いてありますが、これだけなら四次元空間などという必要は

ない。空間は、向きを変えれば「前後」と「左右」が入り交じるかも知れませんが、見方には関わりなく空間がそこに存在するのです。同様に、時間についても「未来―過去」が空間に入り交じるのでありまして、時間と空間はがっちり組み合わさって一つの四次元空間として存在しているのです。――

ファインマンは、こんな調子で物理法則とはどういうものかを説明してくれる。いや、ときには「量子力学となると、これを本当に理解できている人はいない。ですから、皆さんもどうかあまりむきにならないでください」という話にもなるのだが。

伏見康治『原子の世界』伏見康治著作集5、並木美喜雄解説、みすず書房、一九八七年

この本は、原子の構造や物理を高校生にもわかるように――わかる範囲で――説明しようとしている。

「ナトリウム君が立ち上がって提案しました。「私たちの重さはこの前測っていただきました。今度は私たちの身長を測ってください。」

「私は原子学校の先生です。私たちは(原子容)=(原子量)/(密度)という言葉を新しく作り出します。これは、だいたいの意味で球原子の体積の比較値を与えるということになるわけです。」

やがて、原子核のまわりをまわる電子の運動が問題になるところまでくると、本当のところは量子力学で、となるわけで、高校生にわかる範囲では無理が生ずる。たとえば――

「ボーアの軌道模型が、球のように丸くないという点で事実に反することを指摘しましょう」と先生は言う。「基底状態の水素原子は電気的にいって一つの円形電流に相当し、したがって磁石

の場に入れると南北の方向にその軌道面が向くにちがいありません。水素原子を磁力線に垂直に走らせる場合には、水素原子はうすっぺらな板の端から見たのと同じことで、他の分子に衝突することが少ないのに対して、磁力線に平行に走らせた水素原子は他の分子に衝突する機会が多いと考えられます。実際に実験してみた人がありますが、磁石を縦にしようが横にしようがいっこうに変りはありませんでした。」

「けれども」と先生は言う。「恐れていては一歩も前進できません」。やがて、著者は「不確定性関係だけから量子力学の基本的特徴は全部導きだせるはずだ」とがんばることになる。

この本には「相対論的世界像」も収められている。同著者の『ろば電子』（著作集4）もおすすめだ。戦争前の原子核物理学の話題を集めたもので、確かに古いが、基本的なことばかりである。

朝永振一郎『物理学とは何だろうか』岩波新書、一九七九年

これは、ちょっとむずかしいところもあるかな、と思うが、あげておこう。わかりたいこと（つまり宿題）を背負い込んで考え続けるのも悪くない。

H・F・ジャドソン『科学と創造——科学者はどう考えるか』培風館、一九八三年

どのようにして科学は進められるのか？　どこから科学者はインスピレーションを得るのか？　それを気鋭のジャーナリストが美しい写真を交えて語る。

数　学

秋山武太郎『わかる幾何学』春日屋伸昌改訂、日新出版、一九五九年

一九二〇年に初版が出たという。湯川秀樹が自伝『旅人』のなかで学生時代の愛読書にこの本をあげて「おもしろかった」と言っている。このことは、この本の「改訂者のことば」にも書いてある。たいへん懇切丁寧な書きぶりである。たとえば、「任意」という言葉を次のように説明している――

たとえば「郵便切手は任意の郵便局で買え」といえば、「どこの郵便局で買ってもよい」という意味である。また、たとえば「長さ任意の線分」といえば「長くても短くてもかまわない。とにかく線分であればよい」という意味である。すなわち、「任意の」という言葉は、これを「勝手の」と言いかえても、「随意の」と言いかえても、あるいは「何でもよいところの」と言いかえても、それは任意である。

R・クーラント、H・ロビンズ『数学とは何か』I・スチュアート改訂、森口繁一監訳、岩波書店、二〇〇一年

大きな本だが、ゆっくりと読みたい。クーラントは言っている――数学の理解が苦痛を伴わない娯楽によって伝達できないのは、ちょうど最も才幹あるジャーナリズムによっても、いまだかつて心を込めて耳を傾けたことのない人に音楽の教育をすることができないのと同じである。生きている数学の内容に実際に接触することが必要である。

秋月康夫『輓近代数学の展望』ダイヤモンド社、一九七〇年

これは、おそらく手に入らないだろうと思いつつあげる。手に入ったとしても、後半の『輓近代数学の展望（続）』は高校生には難しすぎるだろう。前半だけ、復刊できるとよいのだが。

前半は一九四一年の出版。高校時代に読んで感激した仲間が多い。「数系の発展」から「複素数とガウス平面」「整式、有理式」をへて「体と群」「環、合同、方程式の根の存在」と進んでゆく。同じ著者の『現代数学概説』（筑摩書房、一九七〇年）もすすめる。

科学史

エミリオ・セグレ『古典物理学を創った人々』久保亮五・矢崎裕二訳、みすず書房、一九九二年

表題どおり、人物中心の物理学史。同著者の『X線からクォークまで』も同訳者・同出版社で一九八二年に出ている。こちらは二十世紀の物理学史である。

板倉聖宣『科学はどのようにしてつくられてきたか』仮説社、一九九三年

「わたしたち普通の日本人が今日もっている科学知識、自然観・科学観はどのようにしてできてきたか、ということを明かにしようとした本です」と著者は言っている。それにあたるのが「地球がまるい、ということをいつごろ知ったか」「地動説はいつごろ知られたか」「知識はどうでもよいのか」「陰陽五行説と理気説」などであろう。これに加えて「アリストテレスと原子論者たち——自然観と社会観の相互関係」と「ガリレオ・ガリレイの生い立ち——科学と社会」が載せてある。

佐藤健一『数学の文明開化』時事通信社、一九八九年

寺子屋と私塾、西洋数学の流入、和算の残香を語る。日本の科学の出発点も知っておきたい。

高田誠二『維新の科学精神——「米欧回覧実記」の見た産業技術』朝日選書、朝日新聞社、一九九

五年

一八七一年（明治四）の十二月二十三日に、岩倉具視を特命全権大使とし大久保利通、木戸孝允、伊藤博文を副使として、これに医学者、鉱山技術者、税制・保険・農学者、教育行政学者などを加えた大型使節団が一年十ヵ月にわたる米欧視察のため横浜を出港した。一八七二年の一月半ばにサンフランシスコに着き、ワシントンで不平等条約の改正交渉をした後、八月初め欧州に向けて船出した。横浜に戻ったのは一八七三年九月である。彼らが米欧の科学技術をどう見たか、それがこの本にスケッチされている。

視察の克明な記録が久米邦武編・田中　彰校注『米欧回覧実記』（岩波文庫、全五冊、一九七七―八二年）になされている。

三好信浩『明治のエンジニア教育』中公新書、中央公論社、一九八三年

いま、日本の教育は荒廃しているといわれる。その始めはどうであったか。この本の一一ページによれば――

「日本では、西洋の軍事工業技術のインパクトを受けはじめた幕末期から、工業人材を育成するための各種の試みがなされ、維新後になると、政府の強力な関与によって、工部大学校をはじめとして、工業化と直接あるいは間接の関係をもつ学校が百花斉放の賑わいをみせた。江戸時代の藩校や私塾の教育を通して、とくに武士階級の中に蓄えられてきた知的エネルギーは、この工業化の課題にむかって一気に爆発した。」

工部大学校の創設を指揮し、教授を努めたイギリス人H・ダイアーには『大日本』（平野勇夫訳、

実業之日本社、一九九九年）の大著がある。先人が営々として築いた砦が、いま崩れようとしている。

朝永振一郎『科学者の自由な楽園』岩波文庫、二〇〇〇年

日本の素粒子物理の開拓者による随筆集。「科学者の自由な楽園」とは、かつての理化学研究所のこと。大学を卒業し理化学研究所に就職を誘われて様子を見にいった朝永は、そのまったく自由な空気に驚いた。「先生たちも若いものも、お互いに全然遠慮なく討論する。セミナールはこの遠慮のない、血のめぐりの速い連中の全く形式も儀礼も無視した討論で、生き生きと進んでゆく」。

松尾博志『電子立国日本を育てた男――八木秀次と独創者たち』文芸春秋、一九九二年

八木は、テレヴィ・アンテナとしてどこの家にもついている「八木アンテナ」を東北大学で発明し、新設の大阪大学の理学部長として理学部を育てた。そこから湯川秀樹の中間子理論や菊池正士の原子核実験、岡部金治郎のマグネトロンなど優れた業績が生まれた。

相田 洋『電子立国 日本の自叙伝』日本放送出版協会、上・中 一九九一年、下 一九九二年

米国におけるトランジスタの発明から、日本における産業化まで。当事者の一人、菊池誠による『日本の半導体四〇年』（中公新書、中央公論社、一九九二年）もある。

H・F・ジャドソン『分子生物学の夜明け――生命の秘密に挑んだ人たち』野田春彦訳、東京化学同人、一九八二年

分子生物学の各段階で、どのようにして発見がなされたかを百人以上の科学者にインタヴューし

て書いた歴史ドキュメント。研究者ひとり一人の生き方にも触れながら、同時にDNAとはどんなものか、その構造と機能がわかるように書かれている。アメリカの多くの大学の物理学科では分子生物学を必修科目に加えたという。そうあるべきだ、と思う。これからは生物学を物理学にしてゆかねばならない時代がくる。

伝　記

島尾永康『ニュートン』岩波新書、一九七九年
力学をつくった人の伝記。

平野威馬雄『平賀源内の生涯――よみがえる江戸のレオナルド・ダ・ビンチ』ちくま文庫、筑摩書房、一九八九年
源内がつくったものに重きをおいた伝記。小さくて、すぐ読める。もっと本格的な伝記には、芳賀徹『平賀源内』（朝日評伝選、朝日新聞社、一九八一年）、塚谷晃弘・益井邦夫『平賀源内――その行動と思想』（評論社、一九七九年、修正版一九八〇年）がある。

島尾永康『ファラデー――王立研究所と孤独な科学者』岩波書店、二〇〇〇年
電磁気学の基礎を築いた科学者の伝記。

弥永昌吉『ガロアの時代・ガロアの数学』シュプリンガー・フェアラーク東京、一九九九年
ガロアはフランス革命後の激動の時代に革命運動に身を投じ、決闘によって二十歳で死んだが、すでに優れた数学者で、いわゆるガロア理論を残した。その政治的・学問的背景を史料の丹念な

分析によって語る。ぼくらの世代はL・インフェルトの創作『神々の愛でし人』(日本評論社、新版一九九六年)で読んで胸おどらせたものである。

B・ホフマン『アインシュタイン――創造と反骨の人』鎮目恭夫訳、河出書房新社、一九七四年、新装版一九九一年

共同研究者による伝記。

板倉聖宣『長岡半太郎』朝日評伝選、朝日新聞社、一九七六年

長岡半太郎は、日本の物理学者の初代である。明治から昭和まで研究者として、研究の督励者として、また日本の物理学を国際的に代表する顔として活躍した。その伝記である。

高木仁三郎『市民科学者として生きる』岩波新書、一九九九年

高木は市民団体「原子力資料室」の代表を長く勤め、原子力事故を科学的に分析し、推進側と科学論争をすることで、政策見直しの気運づくりに大きな影響を与えた。二〇〇〇年十月八日に亡くなった。その彼の自伝。

最後に

吉野源三郎『君たちはどう生きるか』岩波文庫、一九八二年

はじめ一九三七年に新潮社から出版された。その年、蘆溝橋事件がおこり、日中の戦争に発展することになる。ヨーロッパではヒトラーやムッソリーニが政権をとり、日本と組んで第二次世界大戦をはじめる。そういう時代の波に抗して、この本は書かれ、戦後も一九六九年にポプラ社か

ら再刊されて読みつがれてきた。中学生のコペル君の日常に託して人の生き方を語る。真摯に生きた著者・吉野の人柄がにじみ出ている。

これらの本は中学・高校の図書館にはぜひ備えて欲しいが、やはり本は自分で買って大事に読みたい。

マ　行

ヤ　行

ラ・ワ　行

ナ　行

ハ　行

タ 行

カ 行

サ 行

人名・書名・雑誌索引

雑　誌

ア　行

初出一覧（加筆削除あり）

理科は嫌いですか	『學鐙』1997年5月，丸善

I　科学は自由だ

入学試験を緩和するなら環境整備を	『$\mu\alpha$』1991年8月，学生援護会
学ぶものの権利章典	『$\mu\alpha$』1991年6月，同
個性の現実と異能	『グラフィケーション』71号，1994年2月，富士ゼロックス
WHY と問う力	『グラフィケーション』72号，1994年4月，同
頭脳明晰につき休講	『グラフィケーション』74号，1994年8月，同
物理オリンピック	『グラフィケーション』75号，1994年10月，同
誇りと理科教育	『グラフィケーション』76号，1994年12月，同
イギリスの科学普及活動	『グラフィケーション』77号，1995年2月，同
「物理」は「化学」の後だなんて！	『グラフィケーション』78号，1995年4月，同
フィリッピンに負けるな	「フィリッピンに負けるぞ」『グラフィケーション』79号，1995年6月，同
人生の半分を生きた小世界	『グラフィケーション』82号，1995年12月，同

II　理科が危ない

教育の基本が欠落――高校生に	（特集：理科離れは教育の衰退――高校生に）『ガイドライン』1995年9月，河合塾
大学と環境・歴史	「21世紀の自然科学系大学教育に向けて」編集委員会編『大学改革――110の事例と提言』朝倉書店，1994年
教育論の7つの誤り	『数学のたのしみ』12号，2000年4月，日本評論社 岡部恒治・戸瀬信之・西村和雄編『算数のできない大学生』東洋経済新報社，2001年

III　おもしろい理科の本と雑誌

“おもしろい”って何ですか？	『科学』64巻8号，1994年8月，岩波書店
昔の理科の本の話	書き下ろし
『ゴム弾性』の頃	『図書』1997年1月，岩波書店
科学の総合誌を待望する	『JAST NEWS』（日本科学技術ジャーナリスト会議会報）2号，1995年4月
事始讃――紀元元年の読者から	『自然』1970年5月，中央公論社
冗談の解読	『数学セミナー』2000年2月，日本評論社
高校生・中学生にすすめたい本	書き下ろし

著者紹介

江沢　洋（えざわ　ひろし）

1932年，東京に生まれる。

1960年，東京大学大学院数物系研究科物理学課程修了，理学博士。

現在，学習院大学理学部教授。専門は理論物理学。

主な著書：『だれが原子をみたか』（岩波書店，1976年），『物理は自由だ１　力学』（日本評論社，1992年），『漸近解析』（岩波講座・応用数学，岩波書店，1995年），『現代物理学』（朝倉書店，1996年）ほか。

新曜社

理科が危ない

明日のために

初版第１刷発行　2001年６月30日©

著　者　江沢　洋

発行者　堀江　洪

発行所　株式会社　新曜社

〒101-0051 東京都千代田区神田神保町2-10

電話 (03) 3264-4973（代）・Fax (03) 3239-2958

URL http://www.shin-yo-sha.co.jp/

印刷　星野精版印刷　Printed in Japan

製本　協栄製本

ISBN4-7885-0765-X　C1040